Nothing To See Here

A Guide to the Hidden Joys of Scotland

For Neil, Tommy and Danny
— the best travelling companions

Published by
Pocket Mountains Ltd
Holm Street, Moffat, DG10 9EB
pocketmountains.com

ISBN: 978-1-907025-12-9

Printed in Poland

Contents

Acknowledgements

Thanks go to the owners, curators and custodians
who have helped with this book. Firstly, for looking
after and preserving their remarkable attractions;
secondly, for patiently helping with the research.
Special thanks to the following:

James Paterson at Leadhills and Wanlockhead
    District Railway

Chris Palmer at Earthquake House

Grant Carstairs at Cultybraggan

Laura Robertson at The Little Sparta Trust

Pia Simig at Wild Mushroom Trust

Kenny Farquharson at The Horn

Siobhan Ratchford at Dumfries & Galloway Council

Iain McDougall at Easdale Museum

Tim Stephenson at the Gem Rock Museum

Cris Hamilton and family at the Hamilton Toy
    Collection

Chris Calvey at Kelburn Country Centre

Ani Lhamo at Samye Ling

James Mitchell at Scotland's Secret Bunker

Tatyana Jakovskaya at Sharmanka

Professor Arnold Myers at Edinburgh University
Collection of Historic Musical Instruments

Christopher Henry at The Royal College of Surgeons
    of Edinburgh

Jean Walton at Tam Shepherd's

Michael Mason at the Titan Crane

Derek Christie at Whitelee Windfarm

Virginia Mayes-Wright at the Museum of Scottish
    Lighthouses

David Nicolson at Whaligoe Steps

Huge thanks, too, to all the contributors to *Nothing
To See Here*, especially Maraid for the information on
Torridon Deer Museum, Alison Stroak for invaluable
advice, my dad Jim and stepmum Cath for their great
support (and tips on Dumfries & Galloway) and
everyone else who has encouraged the project.

Opposite: Stewartry Museum, Kirkcudbright

Introduction

It all started on the B8476, a lonely, bypassed old road in Perthshire with a glorious past. The Fortingall Yew, a 5000-year-old yew tree – reported to be Europe's oldest living thing – clinched it. The strange glee of finding this remarkable thing hidden away in a quiet Perthshire churchyard, with the minimum of fuss – no expensive car park, no gift shop selling souvenirs, no nothing – suggested that searching out and celebrating these amazing hidden places would be a project that could go somewhere. Nothing To See Here was born.

Since 2006, the website nothingtoseehere.net has been collecting these delightful destinations – whether it's interesting art, remarkable buildings, unusual museums or geographical curiosities in Scotland and further afield.

If anyone tells you that there's 'nothing to see', take it with a pinch of salt and have a look anyway. Wandering about can be so rewarding on a sunny day (they do happen in Scotland), with a picnic packed and a spring in your step. Who knows what you might find?

Nest and Eggs of Great Tit

Bullfinch

Great Tit

Great Tit
The Great Tit is seen in gardens, parks and woods. It moves by flying.

ting Box

The B7076/B7078 GRETNA–HAMILTON

The B7076/B7078 is literally the road less travelled. Starting at Gretna near the Scottish-English border, the B7076 runs north before the B7078 takes over (with one brief 8km section where it merges with the A702 from near Elvanfoot Bridge to Abington Services). It carries on through Lesmahagow and Larkhall to a point just south of Hamilton, 25km from Glasgow. There are more scenic roads in the UK, but this one has something that doesn't quite add up.

It's very spacious for a B-road, with dual carriageway in parts and generous verges. Traffic roars up and down the M74 which runs alongside it, but the B7076/B7078 is usually empty and driving it feels like you've discovered a secret passageway in the British highway system. Like Miss Haversham, it has an air of faded grandeur – that is what happens when roads themselves get overtaken.

Until the 1990s, this was the A74 which was the main route between Scotland and England. Thousands of vehicles thundered up and down it every day until it all got too much and the six-lane behemoth, the M74, was built, demoting it to B-road status.

Once you know this, it's easy to spot signs of a glorious past life. The road is strewn with strange stunted sliproads that go nowhere. If you look fast enough, you can catch glimpses of ghostly road markings, now overgrown. The odd stretches of dual carriageway are particularly out of place. Some are still in use, but other sections have been halved with one carriageway turned into the rather generous Route 74 cyclepath.

There isn't a polite word to describe the road surface; the word 'patina' springs to mind. Like so many things in Britain, it did its job but got left to rot when it could no longer keep up with demand. Bumps and potholes aside, it's a pleasure to drive along this open road enjoying the Scottish countryside. It's fast and wide, and there's often an excellent view of the traffic jams on the M74.

Blessed St John Duns Scotus GLASGOW

For many people the 'Saint' has dropped off the front of Valentine's Day, but St Valentine is never forgotten in the church of Blessed St John Duns Scotus. If you visit it in Glasgow's Gorbals, you'll see a gold casket marked 'Corpus Valentini Martyris' – the body of St Valentine, Martyr. So what on earth is it doing here?

A helpful leaflet written by the Franciscan Friars who run the church explains it all. In the 19th century, the relics 'with all the requisite authentications' were in the possession of a wealthy French Catholic family. As the family started to die out, one member was thoughtful enough to try to find a home for their unusual heirloom

and contacted Fr Stephen Potron, Commissary of the Holy Land in France. At the time, Fr Potron had heard talk on the Franciscan jungle drums of a fine new friary being built in Glasgow. He persuaded Fr Victorin Cartuyvels, who was Provincial Minister of the Friars Minor in Belgium, to give the casket a permanent home there. In 1868, the relics were sent to the church of St Francis in Cumberland Street and remained there until 1999 when they moved round the corner to their current home.

The relics are permanently on display in the entrance to the church and, as 14 February approaches, the Friars decorate the area around the casket with flowers

7

and a statue of St Valentine. On St Valentine's Day special prayers are said for those in love and out of it – those 'experiencing difficulties through separation or breakdown are also remembered'.

   Although the chances of St Valentine ending up here seem fairly slim, a few cities make similar claims. As well as Glasgow, there are bits of St Valentine in Dublin, Birmingham, Vienna and Roquemaure in France. The story is a little unclear, but there seems to be an agreement that either one or two Saint Valentines were martyred on 14 February around 270AD. The rather unlikely set of circumstances that got his remains to the west of Scotland led Glasgow to call itself 'City of Love' in 2005 and create a whole love-themed festival. Apart from that, this unusual finding rarely hits the headlines. For the rest of the year St Valentine is left in peace just as he should be.

Access and opening times
The Church of Blessed St John Duns Scotus is at 270 Ballater Street, Glasgow G5 0YT. Masses are Monday-Friday 10am, Saturday 5.30pm and Sunday 10am, 12pm and 6pm. For access at other times, contact the Friary. rcag.org.uk

Carfin Lourdes Grotto CARFIN, LANARKSHIRE

The serenity of Carfin Lourdes Grotto is a rare find in Scotland's busy central belt. As soon as you walk through the gates, the traffic from the road outside seems miles away and everything becomes calm. Pilgrims and priests go quietly about their business, while the statues of saints look on.

Opened in 1922, the idea for a shrine dedicated to the Virgin Mary was born when local priest Canon Thomas Taylor visited shrines at Lourdes in France and Oastakker in Belgium. The devotion he saw there inspired him to bring

something similar to Scotland. Some land beside the Church of St Francis Xavier was identified and local men (many of them Irish and Eastern European immigrants with time on their hands during the 1921 Coal Miners Strike) set to work building the intricate statues, chapels and gardens that make up the grotto.

A year after it opened, the grotto had to be extended because of its popularity. In 1924 50,000 pilgrims came to visit. The nearby station, originally called Carfin Halt, was opened to cater for the crowds who came from far and wide to visit. Today it doesn't reach those heights, but 35,000 pilgrims still come every year to pray here.

Considering most Catholic iconography is hidden behind closed doors, a walk around the grotto is a fascinating introduction to the religion. Familiar saints mingle with more obscure ones, many of them sent from Catholic communities overseas, particularly Eastern Europe.

The statues are beautiful and the early 20th-century ironwork is a marvel. The reliquary, one of the world's largest collections of holy relics, contains some surprisingly opulent artefacts. The Carfin monstrance (used to display the holy Eucharist) was made by a leading Belgian jeweller with a lunette made from the gold wedding rings of deceased parishioners and pilgrims.

Usually open from dawn to dusk, the grotto can get busy around mass and festival times, but visitors of any faith (and none) are free to come and enjoy the experience for whatever purpose they see fit. Say a prayer or have a quiet walk, no one minds. There is no obligation to do anything except enjoy your visit in peace.

Access and opening times
Carfin Lourdes Grotto is on Taylor Avenue, Carfin, ML1 5AJ and is open daily. carfin.org.uk

THE
LOURDES GROTTO
1858   1933

On February 11, 1858, the Immaculate Mother of God appeared at the Grotto of Massabielle, near Lourdes. She came, rosary in hand, roses on her feet, to a humble shepherdess, Bernadette Soubirous. A week later she requested the child to come there for fifteen days.

During that time, our Lady asked for a church to be built in her honour, for pilgrims to come in procession, for penance and prayer on behalf of sinners. She also discovered to Bernadette a miraculous spring, through the waters of which thousands of sick have been healed. On Lady Day, March 25, she declared "I am the Immaculate Conception".

The eighteenth and last visit of Mary whom the Church calls the health of the sick and the refuge of sinners, took place on the feast of Our Lady of Mount Carmel July 16. Since then two Basilicas have been erected on the Rock of Massabielle, while countless pilgrims have come thither to call her blessed and to seek her aid.

Bernadette became Sister Mary Bernard and died in Nevers, April 16, 1879. She was canonized in 1933. May she and all the saints intercede with our Heavenly Mother for the clients of this Grotto.

SAINT JOSEPH PRAY FOR US

S.THERESE OF LISIEUX

COMFORT OF THE AFFLICTED

11

The Carron Fish Bar STONEHAVEN

Scotland is famous for many things – tartan, whisky and mountain scenery to name a few, but a modern invention has brought fame and shame in equal measure. News reports on Scotland's abysmal health record are almost always sprinkled with references to that culinary legend, the deep-fried Mars Bar.

So what is it about deep-fried food that makes it so special, so delicious? In Scotland every town has its chip shop serving fish, sausages and even haggis as 'singles' (on their own) or 'suppers' (served with chips). For decades, the deep-fried pizza has been a permanent fixture – delighting Scots and horrifying more health-conscious onlookers. It is so wrong, and yet – if you've ever tasted one – so right.

Rewind to 1995 when the deep-fried Mars Bar was first spotted in the Haven Fish Bar in Stonehaven on Scotland's northeast coast. Now called The Carron, it has been serving them ever since, and the huge 'Home of the deep-fried Mars Bar' banner outside suggests that they are not embarrassed by the ignominy it has brought the nation as a whole.

In truth, despite their worldwide fame, they are not that common (and Scots don't live off them). They can be easily found in tourist traps like Edinburgh's Royal Mile, but in 2004 *The Lancet* surveyed the availability of said treats and only found them in 22% of chip shops. It is not clear what that proves. In other areas, inventive souls riffed on the idea, most famously The Reiver Fish Bar in Duns which has diversified into deep-fried Cadbury's Creme Eggs.

So, the million dollar question – what does a deep-fried Mars Bar taste like? A 'single' – you can order it with chips, but that's just wrong – is freshly made to order. It looks more or less as you'd expect, like a Mars Bar in batter – not particularly pleasing to the eye. However, the batter is crispy and light, encasing the sweet hot goo inside which runs out on first bite. It's sweet and savoury, crispy and gooey – in short, a taste sensation.

Access and opening times

The Carron is on Allardice Street, Stonehaven, AB39 2BM. It is open every day 4.30pm-10pm and (excluding Sundays) 12pm-2pm.

13

Clootie Well

MUNLOCHY, BLACK ISLE

At Clootie Well on the Black Isle, mere pennies won't get your wishes granted. Here, the currency is a 'cloot' or cloth. According to ancient tradition, visitors come here with an offering to heal the sick. They bring a 'cloot' from the invalid, in the belief that as the cloth rots so the illness will fall away.

Today, there are cloots of many colours here – you can see them tied to the trees from some distance away as they spill down the hill onto the roadside. Some visitors have done it old-style and brought a scrap of clothing or a rag. Those who are more modern, or caught on the hop, have left J-cloths, socks, dresses, T-shirts and even pants. If you don't have a cloth on you, or value your undergarments, you can make a wish by walking three times sunwise (clockwise) round the well, sprinkling some of the water and leaving behind a natural offering. Just make sure that it's something that will decay naturally.

While the offerings form a spectacle that is bright and jolly – some people have even put up bunting – it's also sad to see the supplications (the technical term for wishes) for the sick of all ages.

At one time, magical wells were common, and they are still found in areas with Celtic connections. The Irish have 'raggedy bushes' and the Cornish 'cloughtie wells'. After the Celts,

Christians adopted the tradition and the wells became associated with particular saints and festivals. Clootie Well is linked to Saint Boniface or Curitan, a Pict who worked as a missionary in the northeast of Scotland around 620AD.

In 1581, during the Protestant Reformation, the act of visiting wells and other holy places was banned, but the practice survived in places. Clootie Well is most popular around the time of Beltane in early May when visits to holy wells are traditional.

Access and opening times

Clootie Well is in Littleburn Wood, just west of the village of Munlochy, on the A832 between Muir of Ord and Fortrose. forestry.gov.uk

15

Cramond Island EDINBURGH

In a city known for its exclusive locations, Cramond Island is one of Edinburgh's more exotic ones. A small tidal island in the Firth of Forth, it is only accessible for a few hours at low tide to those willing to cross the narrow causeway. It is a brisk walk but a real adventure if you catch it at the right time.

Starting at the well-heeled village of Cramond (famously frequented by Miss Jean Brodie and her girls), the causeway stretches out for a mile or so, lined in parts by a series of tall concrete pyramids known locally as the Dragon's Teeth. Once a popular holiday destination, the island was taken over by

the Ministry of Defence in 1914. The bollards, built to deter enemy submarines in World War II, are a lasting reminder of less peaceful times when the Firth was a valuable enemy target. Thankfully they are no longer needed for defence purposes, but have remained as a useful wayfinder.

On the island itself, abandoned machine gun emplacements are one of the first things you see, clinging to the hillside, framing an excellent view to Leith and beyond. The neighbouring island of Inchmickery is overrun with them, giving it the appearance of a giant battleship, hit but not sunk. As

this out the hard way – stranded walkers and revellers help make the lifeboat at South Queensferry Scotland's busiest. The feeling that you need to drag yourself away adds to the pull of this special place. If the time is right, it's a marvellous place to visit.

Access and opening times

The island is reached from Cramond village in northwest Edinburgh, around 6km from the city centre. Note: tide times are displayed at the end of the causeway near the village. If you're visiting, make sure you leave enough time to get there and back safely.

these wartime relics are the most modern buildings around, it feels like time has stood still here. Thick undergrowth hides everything else, so be prepared to hack through it to get to the viewpoint.

At the top there's a great outlook to the city where life continues as normal. Traffic bustles over the Forth Bridges and planes come and go from Edinburgh Airport. On this island, though, there isn't a sound.

An eye on the incoming tide makes sure that visitors don't stay too long. Lose track of time and it's easy to get stuck there. Many visitors have found

Cultybraggan Camp COMRIE, PERTHSHIRE

Nestled in scenic Glenartney, south of Comrie, Cultybraggan Camp was built in 1941, one of roughly 600 prisoner of war camps in the UK at the time. Unlike the others, it has survived pretty much intact, making a little spot of living history. These buildings weren't built to last, but here they are 70 years later, a vital part of Comrie's past and of its future.

From the gates, the camp stretches out as far as the eye can see. There are more than 100 Nissen huts and accompanying buildings, enough to hold 4500 men. Even though the soldiers are long gone, many of the buildings still have the trimmings of their military lives with

doors marked 'Ablutions' or 'Officers Mess'. It's hard not to go a little bit *Dad's Army* as you wander around, crouching at corners and looking out for imaginary snipers. If playing soldiers is your bag, there's a whole firing range to run about it. Thankfully it's perfectly safe, with not a gun in sight.

Work on Cultybraggan began in May 1941 and finished later that year, weeks before the Japanese attack on Pearl Harbour. Initially, it was meant to be a labour camp for Italian prisoners, but it became a transit camp for German prisoners and ultimately one of the two maximum security camps in Britain. Camp 21, or Nazi 2 as it was known,

held some of the fiercest or 'black' Nazis (the others were interned at Watten near Wick). Despite its fearsome reputation, many of the prisoners enjoyed their time in such a beautiful location and settled locally after the war had ended.

Disbanded as a prisoner of war camp in 1947, the Ministry of Defence kept Cultybraggan in use until 2004. It has been a British Army training camp and a Ministry of Defence training centre (the firing range was only added in the

1970s). In the 1980s, as the Cold War hotted up, a Royal Observer Corps Post and nuclear bunker earmarked to become the Regional Government HQ were added. Thankfully they were never put to use.

By 2004, the political climate had changed and Cultybraggan was sold off as the MOD slimmed down their estates. This could easily have been the end of the story, but Comrie Development Trust bought the land for

the community in 2007. Today it is springing back to life with busy allotments, a small number of Nissen huts redeveloped into business units and other tenants moving in around the site. The long-term aim of the trust is to develop the area into a sustainable resource for the community with business, education and sports facilities. As 26 of the huts have been category A-listed by Historic Scotland, it sounds like Cultybraggan is here to stay.

Access and opening times

Cultybraggan Camp is south of Comrie, off the B827 in Glen Artney. The grounds are open to the public daily 9am-6pm and there are information boards at the entrance – the best time to visit, though, is on one of several open days held through the year, when there are history tours and other activities.
comriedevelopmenttrust.org.uk

Dumfries Museum and Camera Obscura DUMFRIES

Scotland is blessed with three camera obscuras, in Dumfries, Edinburgh and Kirriemuir. Edinburgh's has the best views, Kirriemuir's has a literary connection (gifted to the town by *Peter Pan* author J M Barrie), but Dumfries's is the oldest of the three and, in fact, the oldest working instrument of its type in the world.

Plans for the camera obscura started in 1834 when local businessman Robert Thomson heard that the old windmill at the top of Corbelly Hill was going to be demolished. With local help, he bought the building for £350 to create the Dumfries and Maxwellton Astronomical Society. The tower was converted into

an observatory and the camera obscura was brought all the way from Kilmarnock on a horse and cart.

Initially, the tower was only open to members and selected ones at that. The writer Thomas Carlyle was one of the first to arrive. It was 1849 before members of the working class were allowed in and even then it was only on Saturdays. As donations from patrons grew, the adjoining museum began to expand as the observatory went slowly out of fashion. It stopped operating as an observatory in the 1870s.

Providing the weather is amenable, its operation is fairly simple. An angled mirror on a long pole poking up at the top of the tower (like a periscope) projects images of the outside world onto a large flat table below. That may not sound very exciting considering that you could look out of the window and see more or less the same thing, but it feels magical, like floating invisibly around the world with an all-seeing eye. It's fun to play God, picking up passing cars with a piece of paper or making an invisible bump in the road for buses to shuffle over.

With technological advancements, camera obscuras have no practical purpose, but that doesn't diminish their appeal. It's a chance to catch a brief glimpse of the present through the eyes of the past. Dumfries is lucky to have this illuminating little gem.

Access and opening times

Dumfries Museum & Camera Obscura is at The Observatory, Rotchell Road, DG2 7SW. The Camera Obscura is open April to September daily, weather permitting (Sundays 2pm-5pm). There is a charge for visiting the Camera Obscura, but entry to the museum (open all year) is free. dumfriesmuseum.demon.co.uk

Dunbar's Close

ROYAL MILE, EDINBURGH

Quiet spaces near Edinburgh's Royal Mile are few and far between, but if you look hard enough they do exist. On the Canongate, just past the Kirk, the entrance to Dunbar's Close looks like any other Edinburgh wynd. Its well-kept secret is a beautiful 17th-century garden.

Neatly laid out like a traditional Burghal garden over three quarters of an acre, it packs a lot into a small space. Trees and manicured bushes create a shady area at the entrance, opening out into a suntrap full of lovely flowers and unusual plants. Two small squares with classical stone benches provide quiet places to sit beside a shady wall that could fool you into thinking it was in Tuscany. It's worth stopping a while to appreciate the wonderful symmetry of the design and the spectacular views that you get of Calton Hill beyond.

The garden was created by eminent

Scots biologist, Sir Patrick Geddes (1854-1932), who lived on the Royal Mile at the time. He stressed the connection between health and the environment, radical thinking back then, and had the vision for a network of gardens around the city – of which Dunbar's Close is one.

By the 1970s, the garden had fallen into disrepair. It was saved by a bequest from The Mushroom Trust which gifted the land to the City of Edinburgh Parks Department. In 1978 it was rebuilt by landscape architect Seamus Filor and has remained a delightful public space ever since.

Few places in Edinburgh are really secret, and even this quiet spot fills up at regular intervals with small groups of people on walking tours. However, the groups leave as quickly as they arrive, and after that peace reigns again. It's fun to watch the tourists mingle with Auld Reekie aficionados who obviously know that this is the place to go for a quiet moment.

Access and opening times

Dunbar's Close Garden is adjacent to Canongate Kirk on the Canongate, and is open to the public at all times.

DUNBAR'S CLOSE GARDEN

OPEN TO THE PUBLIC

137

Earthquake House COMRIE, PERTHSHIRE

Today in Comrie all is still, but a small, unassuming building is a lasting reminder of how it got its nickname 'The Shaky Toun'. Built in 1869, Earthquake House, as it's grandly known, is one of Europe's smallest listed buildings, constructed to record the earth tremors that happened regularly in the area. It may look insignificant, but Dr Roger Musson of the British Geological Survey applauds it as a 'remarkable building, the first purpose-built earthquake observatory in the world'. Seismology, the study of the earth's movement, is of such worldwide importance – who would have thought it had its epicentre here?

Comrie's link to earthquakes is recorded as far back as the 16th century. In the 19th century there was a whole lot of shaking going on – in 1839 alone 7300 tremors were recorded. At this point, the word 'seismology' hadn't been coined and the cause of earthquakes wasn't widely understood (some thought it was a meteorological event, like thunder). A group of local men known as the 'Comrie Pioneers' were at the forefront of this emerging science, diligently recording any unusual activity and working out new ways of monitoring and measuring the earth's movement.

In 1869 Earthquake House was built as a dedicated recording station. Local man Robert Mallett developed a rudimentary wooden seismoscope which was embedded in the floor. Made from a cross and differently-sized pegs it might look basic now, but it was hi-tech in its day, designed to measure the intensity

and direction of any tremor according to the way the pegs were displaced by such movement.

Ironically after all this effort, the earth didn't move much and the seismoscope was superseded by more modern equipment. Earthquake House fell into disrepair, but thankfully it was listed and refurbished in 1988. It now contains a model of Mallett's original seismoscope alongside a modern seismograph which traces a measure of the earth's movement onto a scrolling roll of paper.

Access and opening times

To find Earthquake House, cross the humpback bridge to the west of Comrie, which leads towards the Ross. The building itself is closed to the public, but it is easy to see in through well-placed windows. Guided tours can be arranged in advance with the custodian. comriedevelopmenttrust.org.uk

Easdale Island NEAR OBAN

There are more than 790 islands in Scotland at the latest count. Easdale is the smallest permanently-inhabited one in the Inner Hebrides, lying just off the west coast near Oban. To reach it, take the ferry from the small settlement of Ellenabeich (also known as Easdale) on Seil Island (not actually an island but it was once). The ferry is no CalMac behemoth, but a 12-seater motorboat which nips over to the island as required when not on scheduled sailings. At these times, just push the button in the waiting room to summon the ferryman. A quick zip over the water, with plenty of spray in your face, and you're there.

Easdale is an island of two halves. At one end, there is a tight-knit community

made up of a few small cottages, a community hall, one restaurant and a museum. The further you get from the (relative) hustle and bustle, the more Easdale's past reveals itself. There is slate everywhere – in the walls, on the roofs, on the beaches and sitting in great piles all over the island. In fact, it's pretty hard to spot anything that isn't made from slate. Remote and rocky, it feels like you've landed on another planet.

On the western edge, where the Atlantic batters off the rocks and sea foam flies everywhere, derelict buildings are all that remains of Easdale's busy slate-mining industry. It's hard to believe, but at one time Easdale was the centre of Scottish slate production with

29

EASDALE ISLAND
FERRY
TO CALL FERRY PRESS
BOTH BUTTONS IN SHED
PLEASE CHECK TIMETABLE
FOR FERRY SCHEDULE

However, the community pulled together and, with the help of a sympathetic owner, families returned to the island to rebuild its fortunes. It now has a population of 65 and is particularly popular with artists and musicians. For them, the isolation is a plus point, not a barrier. The distance to the mainland is short enough to build a causeway, but the residents don't want one. There is no room for cars anyway, so what would be the point?

Today the quarries are deep, tranquil pools and the slates make perfect skimmers, which is why Easdale plays host to the World Stone Skimming Championships. For one day each year in September the population of the island increases dramatically as aspiring 'tossers' come to try their hand. It's fun for some and deeply competitive for others. Whether you take part or not, it's a great time to visit the island and enjoy the entertainment which is specially laid on. If you do go, don't forget to see the other side of Easdale. A walk round the island takes 20 minutes or so. It's like stepping into another world before a quick trip back to reality.

more than 500 residents employed in up to seven quarries. Slate from Easdale and the other Slate Islands – Seil, Luing, Lunga, Shuna, Torsa and Belnahua – built settlements locally and across the world until the last slate was quarried in the mid-1950s.

This was almost the beginning of the end. By 1965 the population was down to five plus the ferryman and his wife. The prospects for Easdale looked bleak.

Access and opening times

Easdale Island is 26km southwest of Oban by road: take the A816, then the B844 to Ellenabeich. The passenger ferry runs year-round scheduled and on-demand sailings. easdale.org

Ebenezer Place WICK

Blink and you'd miss Ebenezer Place in Wick, but that's the point – it's the world's shortest street. This is a closely fought title and at 2.06 metres (6 ft 9 inches in old money) it has done well to knock Elgin Street in Lancashire, a comparative boulevard at 5.2 metres, off its perch.

To be fair, there is some debate about whether or not you could call it a street.

Ebenezer Place sits at the front of a triangular block (imagine a short, squat Caithness version of New York's Flatiron Building) and the straight area constituting the 'street' is only wide enough for a narrow doorway and two brass plaques on either side. The plaques say 'No 1', which is the address (kind of redundant when there's only room for one doorway) and the name of the occupant – the No 1 Bistro, part of MacKay's Hotel.

It's only when you see the building from a distance that the words 'Ebenezer Place' are visible, etched into the top of the building. When it was constructed by Alexander Sinclair in 1883, the council told the owner to paint a name on the building. It was officially declared a street in 1887.

This went largely unnoticed until Murray Lamont, manager of MacKay's Hotel, did some research and began a long process of getting it accredited by the Guinness Book of Records. In 2006 Craig Glenday, the editor in chief, battled all the way to the far north of Scotland through wind and rain to see it for himself, and declared it a bona fide record breaker.

To find it, look right at the sharp bend on the road leading into Wick, just before Pulteney Bridge. If you like a weeny record breaker, but can't make it this far north, check out The Wedge in Millport, on the island of Great Cumbrae off the west coast of Scotland, reputed to be Britain's narrowest house, the Star Hotel in Moffat, Dumfriesshire, which claims to be the world's narrowest hotel, or The Smallest House in Britain in the Welsh town of Conwy.

Access and opening times
Ebenezer Place is located between Union and River Streets, Wick, Caithness, KW1 5ED.
mackayshotel.co.uk

Electric Brae AYRSHIRE

Electric Brae (known locally as Croy Brae) doesn't shout about its special secret. Unsuspecting travellers following the A719 coastal road near Dunure will see the sign: 'Electric Brae: Slow vehicles ahead'. Mysteriously, there is nothing until you get round the bend and a queue of stationary cars sits in the middle of the road. The cars may be full of beaming children and adults, slackjawed with wonderment because Electric Brae is a magical place, a 'gravity' or 'magnetic' hill where the laws of physics seemingly don't apply and cars roll upwards.

The normal rules of the road go out of the window as on this small stretch of road dawdling is permitted, if not downright encouraged. It is traditional to slow down, release the handbrake and magically roll uphill. At one point Ayrshire Council were getting so many enquiries about the place that they produced a leaflet about it. It also proved popular with the Yanks who were stationed at Prestwick during the war, particularly one General Dwight D Eisenhower who used to bring visitors here when he stayed nearby at Culzean Castle.

There are similar sites around the world with equally grandiose names – Magnetic Hill in New Brunswick, The Mystery Spot in Santa Cruz, Confusion Hill in Pennsylvania. No doubt they all have a special place in their nation's hearts in the same way that Electric Brae does.

Sadly, there is no electricity or magic trickery involved. It's just an optical illusion created by the lay of the land. The cairn in the middle of the brae explains it all: 'Whilst there is this slope of 1 in 86 upwards from the bend at the Glen, the configuration of the land on either side of the road provides an optical illusion making it look as if the slope is going the other way. Therefore, a stationary car on the road with the brakes off will appear to move slowly uphill. The term 'Electric Brae' dates from a time when it was incorrectly thought to be a phenomenon caused by electric or magnetic attraction within the Brae'.

If the magic of the brae isn't enough, on a good day this is a beautiful drive along the west coast, looking out over the sea to Arran and beyond and continuing northwards to Dunure and its ruined castle.

Access and opening times
Electric Brae is south of Ayr on the A719, between Dunure and Culzean.

Forsinard Flows SUTHERLAND

At Forsinard in Sutherland, there is almost literally nothing to see. There are a few houses, a hotel and a railway station, but the real attraction is the large expanse that surrounds them. It might not look like much, but this is the Flow Country, one of the world's most remarkable landscapes. The largest area of blanket bog in Europe, it has barely changed in 8000 years. When so much of Scotland's peatland has been destroyed, an undisturbed bog is a rare thing. Recently proposed as a UNESCO World Heritage Site, it is now managed by the RSPB and other national bodies, working to preserve this unique habitat.

It may not seem glamorous from afar, but the closer you look the better it gets. Start at the RSPB Visitor Centre in the station to find out about the past, present and future of the flows. The excellent exhibition whets your appetite for all the unusual plants and animals found there. To see the real thing, pick up a map and cross the railway line to the start of the short Dubh Lochan Trail and step into the heart of the bog.

A series of paving stones stretch out to the horizon and within the first few steps a flat dun landscape springs to life. The most surprising thing is the colourful microcosm that lives here – the

fiery red sphagnum moss that can hold eight times its own weight in water, the fluffy tufts of bog cotton that wave gently in the breeze, the intricate carnivorous plants, the bright blue dragonflies and the tiny lizards that skip from stone to stone. It's a strange sensation to tiptoe round an enormous space, or to stop and listen when there isn't a soul in sight, but that's what the flows do to you.

You don't have to walk far to feel like you've left the world behind. There are more than 8398 hectares of blanket bog in Caithness and Sutherland, and while it's tempting to stray from the path and explore it, the stones neatly loop round the black lochans (small pools) and back to civilisation. It's an unlikely beauty spot, but when peat has given so much to us over the years it seems only right to stop and appreciate it for a little while.

Access and opening times

There is a railway station at Forsinard, on the Inverness to Wick/Thurso line. The RSPB Visitor Centre at Forsinard is in the station building, located by the A897 between Melvich (25km) and Helmsdale (38km). The reserve is always open and the visitor centre daily from Easter until the end of October 9am-5.30pm. There is no admission charge. rspb.org.uk/reserves

The Fortingall Yew PERTHSHIRE

Visitors to the Aberfeldy area may wonder why there are brown tourist signs pointing to a tree. Well, the Fortingall Yew isn't any old tree. It is reputed to be the oldest living thing in Europe, biding its time in a quiet Perthshire churchyard.

The picturesque village of Fortingall, located at the foot of lonely Glen Lyon (Scotland's longest enclosed glen), is tiny, so the yew is not hard to find. Look for the church and then follow the words on the path – 'Up ahead stands Fortingall's oldest resident, a 5000-year-old yew tree / Imagine those who have passed this way before'. At the end of

the path is a fence and inside the fence is the Fortingall Yew, estimated to be between 2000 and 5000 years old.

The fence is there to protect it, as enthusiastic visitors have been keen to take a piece away with them over the years. The yew is known as a tree of eternity and parts of it have been removed to make drinking cups and souvenirs. So much of the original tree has disappeared that an arch was formed, large enough for funeral processions to pass through on the way to the church.

It's still quite a size, but pegs on the ground mark how large the yew would

have been if it hadn't been chipped away. It measured 16 metres, or 52 feet, in girth in 1769 and is still growing. It appears to be in good health, but just in case, cuttings from the tree have been replanted around the country in order to make sure that its legend lives on.

Marketed as 'Big Tree Country', Perthshire also boasts the world's largest hedge and widest conifer in Britain, plus the Dunkeld Larch which is 250 years old and one of the first of its type planted in Scotland. It is also home to the Shakespearean Birnam Oak (the last remaining tree in the wood made famous by Macbeth). A plaque notes that the tree was designated as one of Britain's 50 Greatest Trees in 2002.

Beside the tree, Fortingall itself is an interesting little place. Its other claim to fame is as the birthplace of Pontius Pilate, although the evidence for that is a bit scant. If you visit the yew, the adjoining church is pretty and the neighbouring Fortingall Hotel provides excellent food and refreshments.

Access and opening times
From Aberfeldy, take the B846 towards Pitlochry and turn off at Keltneyburn for Fortingall. From Killin, follow the A827 along Loch Tay and turn off at Fearnan or, 10km after Killin, turn off for the glorious scenic route through Glen Lyon.

Footdee ABERDEEN

Footdee (pronounced 'Fittie') is a small fishing village near Aberdeen Harbour. From the beach it's easy to miss, but turn a corner and you're in a delightful square full of timber- and brick-built tarry sheds gathered round a communal green. Lining the outside of the square, the buildings are regular – neat rows of granite cottages and townhouses – but around the inside they're anything but

39

with shacks, sheds and outhouses jumbled with washing lines, plants, flowers and even a church.

The wonderful thing about Footdee is the randomness of these buildings. They're pretty puzzling. It's hard to tell if they're outhouses or holiday homes or perhaps mansions for a race of tiny seafaring people. No two are the same and the styles range from miniature houses with well-kept gardens to ramshackle structures made of found materials that look like only luck is holding them up. In the details there are lots of seafaring accoutrements – model

boats, ships-in-bottles and glass fishing weights. Hanging on one shack, a lifebelt from the *Thermopylae*, the world's fastest sailing boat built in 1868 by the Aberdeen White Star Line, is a nod to local nautical heritage.

There are three squares altogether. North and South Squares were designed in the early 19th century by Aberdeen City architect John Smith who also designed Balmoral Castle. Pilot Square, built to a better standard for pilots of the harbour boats, was added later. Looking closely, there are some clever design features – the houses are low and

face inward to shelter from the sea, the pitched roofs keep the rain off and even the chimney pots are specially designed to keep seagulls away. As the cottages were so small, they were sold with space for an outhouse opposite, which explains the more idiosyncratic architectural elements. For fisherfolk this would be somewhere to keep your nets and other necessary equipment.

A wander round Footdee is a highlight of any trip to Aberdeen. It's surprising how quiet and sheltered it is, despite the sea roaring on one side, the harbour clanking away on the other and the docks round the back. Through gaps in the houses you can see masts, gasometers and industrial bits and pieces, but apart from that the modern world doesn't intrude. Aberdeen, 'the Granite City', is sometimes depicted as a city lacking in colour, but there's plenty here.

Access and opening times
Footdee is located at the mouth of Aberdeen Harbour and can be reached on foot from the beach esplanade.

Agate-
Dundee

The Gem Rock Museum

CREETOWN

The Gem Rock Museum is a sparkling treasure house unexpectedly located in a sleepy little Galloway town bypassed by the A75.

Owned and run by life-long mineral fanatics, the Stephenson family, the museum has been expanding since they bought it in 1981 and is a lot bigger than you might expect in such an out of the way location. This is no random rock collection. It is renowned worldwide as one of the best private collections of gemstones, crystals, minerals, rocks and fossils there is. The Stephensons clearly

have a passion for what they do and have created a useful and comprehensive attraction that appeals to amateurs, experts and passing visitors.

In the large collection there are gems of all kinds, in colours from every part of the spectrum – the world's largest diamonds aren't present for obvious reasons, but there is a 3kg meteorite and the 'Maverick' gold nugget, which is one of the largest natural gold specimens on display in the UK. There are so many different types, it's almost impossible to remember them all.

Impressively, the museum contains a mineral for every letter of the alphabet, from alexandrite to zircon.

A walk through the Crystal Cave shows off nature's most illuminating pieces, including some glow in the dark wonders. Displays of the beautiful and the downright strange mean there's something for everyone.

If you want to relax after taking all of this in, the Victorian-themed Professor's Study is a large room full of leather armchairs and geology magazines, the perfect place to read up on it all. For those looking for more detail, there are wall charts and eyeglasses outside the Lapidarist's Workshop where you can get up close and personal with the rocks. Staff are on hand to give demonstrations and talks on gemmology, lapidary and local geology.

If this isn't enough, the Prospector's Pantry serves minerals of the drinkable kind alongside savoury dishes and sweet treats – rock cakes a speciality. There is also a gift shop which is almost a museum in itself, selling everything from precious stones to Gem Bugs.

Access and opening times

Creetown Gem Rock Museum is on Chain Road, Creetown, near Newton Stewart, Dumfries & Galloway DG8 7HJ. The museum is open all year round, seven days a week (winter closing 4pm), apart from Christmas week. There is an admission charge – tickets are valid for two weeks. gemrock.net

The Giant Angus MacAskill Museum DUNVEGAN, SKYE

The very mention of a giant museum can cause confusion. Ironically, the Giant Angus MacAskill Museum in Dunvegan on the Isle of Skye is very small, but its contents are huge. Set in a restored Highland croft, the museum shows off the greatness of Angus MacAskill, who grew to a mighty 7'9" tall. In 1981 he was recorded in the Guinness Book of Records as the tallest 'true giant' – one without underlying medical conditions or notable deformities – who ever lived.

A life-size statue of him greets visitors as they enter, towering in the corner beside his tiny companion, Tom Thumb. At this point, all sense of proportion goes out the window. Everything in here is huge – a giant chair, an enormous jumper, socks the size of fishermen's waders and a replica of the giant coffin that they carried him off in. It's only when you place something of conventional size near the exhibits that you get a sense of how gigantic he was.

Born in Berneray in the Western Isles in 1825, Angus MacAskill was a smaller than average baby and doctors didn't think he would survive. But oh boy, he proved them wrong – with no real clue as to why he became so large, apart from the inclusion of a dish of crowdie (oatmeal and cream) in his daily diet.

Angus's stay in Scotland was short-lived due to the Highland Clearances, and his family emigrated to Nova Scotia when he was six years old. They settled in Cape Breton and he worked the land in the small farming community of St Ann's where he became known as Gille More (or 'Big Boy').

Tall stories of his strength and kindness abound and were collected in the book *The Cape Breton Giant* by James D Gillis. True to form he was a gentle giant, helping those who needed it and refusing frequent offers of a fight from those too foolhardy to think about what they were getting into.

Visiting from New York, a Mr Dunseith spotted him and quickly signed him up as a fairground attraction. Legend has it that Colonel Tom Thumb, the world's smallest fully grown man, would 'dance merrily on the palm of his hand' before being thrown unceremoniously into the giant's coat pocket. There is some suggestion that photos of Angus MacAskill and Tom Thumb are fakes, and the two didn't perform together. Whatever the case, MacAskill found great fame, touring the world and even visiting Queen Victoria at Windsor Castle.

The Dunvegan museum was opened in 1989 by Peter MacAskill who wanted to tell the story of his amazing relative. Local craftsmen have created the gigantic artefacts and the museum gives an insight into 19th-century life on a Scottish island. The legend of the extraordinary MacAskill family lives on in the shape of Danny MacAskill (Peter's son), a giant of street trials cycling.

Gladstone Court Museum BIGGAR

In a small Victorian arcade, bits and pieces of Biggar's bygone businesses have been carefully collected to create Gladstone Court Museum. Inside, there is one of everything useful – a bank, a photographer's studio, a printer's workshop, a cobbler's and bootmaker's, a schoolroom, a chemist's, a grocer's, a draper's, a library and a telephone exchange. It is amazing how many of these establishments you either don't

get at all these days, or rarely find. The businesses that do remain have often changed beyond recognition so it's great to go and have a rummage.

The shops are all open so you can have a fossick through trays of letters in the printer's, goggle in the chemist's at the peculiar concoctions such as liniments and concentrated flesh food, or sit at a really uncomfortable desk in the schoolroom. The old grocer's shop, straight out of *Open All Hours*, is fascinating. It's stacked to the rafters with beautiful brands, now long gone. It's not a big place but it takes a while to go round.

For a small town, Biggar is well-served with museums. Gladstone Court is one of six locally, including The Gasworks Museum and the Albion Archive. It was opened in 1968 by the poet Hugh MacDiarmid, who lived in the town. Like many of Biggar's museums, the 21st century has passed it by, but that's fine. There's lots of beautiful old stuff, it's well laid out and you can play with it all to your heart's content.

Fittingly, Biggar has a healthy high street full of long-standing family businesses, and comes highly-recommended for a day out. Townhead Café won the Best Fish and Chips in Britain Award in 2008 and The Chocolate Box serves great ice cream for afters. It is easy to spot because it has a huge queue coming out of the door, whatever the time of year.

Access and opening times

Gladstone Court Museum is on North Back Road, Biggar, Lanarkshire, ML12 6EJ. The museum is open from Easter to September, Monday-Saturday 11am-4.30pm (closed on Wednesdays), Sunday 2pm-4.30pm. There is an admission charge.
biggarmuseumtrust.co.uk

Glenfinnan Station Museum

LOCH SHIEL

With its striking monument at the head of Loch Shiel and 21-arched railway viaduct, Glenfinnan is one of Scotland's most photographed spots. The West Highland Line, regularly voted the world's most scenic rail journey, runs through here on its way from Glasgow to Mallaig and Oban and back again. It has always been a popular landmark, but the viaduct's recent role in the *Harry Potter* films has cemented it firmly onto the tourist map.

Further west on the A830, away from the tour buses, Glenfinnan Station Museum celebrates this remarkable part of Scotland's railways. Opened in 1901, the station is a beautiful example of typical turn-of-the-century railway

architecture. It was almost lost when Dr Beeching swung his axe, but thankfully it made the cut. When radio signalling was introduced in 1988 and the station buildings were no longer required, volunteers turned them into a museum, preserving a small but important part of railway history.

Stepping inside is a trip back to the 1950s. Inside the wood-clad ticket hall are battered suitcases and clanking ticket machines waiting for the next passengers. The stationmaster's office is so homely with its well-worn armchair and transistor radio that you could believe he has just nipped out for a puff of his pipe. With its working signalling equipment and vintage railwayana, it's

a delight for trainspotters and casual visitors alike.

The remarkable construction techniques of Sir Robert McAlpine or 'Concrete Bob' are well documented here. The West Highland Line was one of the first to use concrete in its construction, leading the way for more modern railways. A small exhibition details the blood, sweat and tears that went into creating this remarkable route.

After that it's a shock to step outside and return to the present century, so the restorative powers of the Glenfinnan Dining Car come in handy. The period fittings of the beautifully preserved Standard Mark 1 carriage turn a humble second-class car into a first-class place to eat. Disturbing memories of greasy tea and curly British Rail sandwiches fade into the distance with its bright surroundings and delicious fare.

For a different type of railway sleeper, overnight guests are welcome in the Glenfinnan Sleeping Car, one of the few remaining camping coaches that were operational from the 1930s to the 1970s. The 1958 second-class carriage, converted into dormitory accommodation in 1975, retains many original features including British Rail mirrors. It has been sympathetically upgraded to modern standards, making it a comfortable and unusual alternative to the traditional bunkhouse.

Access and opening times

Glenfinnan Station Museum is on the West Highland Line between Fort William and Mallaig, PH37 4LT. The museum is open June to mid-October daily 9am-5pm glenfinnanstationmuseum.co.uk

Glenkiln Sculpture Park NEAR DUMFRIES

If you can't decide whether to go for a walk or visit an art gallery, you could always do both and visit Glenkiln Sculpture Park near Dumfries. It was established in 1951 by Sir William Keswick who owned the land and wanted to exhibit sculpture in a natural setting. He collected pieces by his favourite sculptors and displayed them to full effect in this already beautiful spot overlooking Glenkiln Reservoir.

Sir William was a friend of Sir Henry Moore and the highlight of the park is not one but four Moore sculptures. Two other works by respected sculptors, Jacob Epstein and Auguste Rodin, are also on display. All this for free in an area of natural beauty. Though more

people are discovering it, Glenkiln isn't signposted, so you can often find peace and quiet in which to enjoy it – just as well as the road is single track with few passing places.

With no signs to or in the park (possibly because the statues have been vandalised in the past), finding all the sculptures becomes a bit of a treasure hunt. Four can be seen from the road – Henry Moore's King and Queen, a Moore cross, Rodin's John the Baptist beside a small car park, then Moore's Standing Figure. The other two – Epstein's The Visitation and Moore's Two Piece Reclining Figure – are further off the beaten track up a hill beside the reservoir. The route is around 8km (five miles) in total and makes a lovely walk or cycle. It is isolated with no amenities, though, so come prepared for any weather and bring a picnic.

Access and opening times
From the A75 west of Dumfries, take the Shawhead turn-off, turn right at the crossroads, then left, and take the road for Glenkiln. There's a small car park past the reservoir.

The Hamilton Toy Collection

CALLANDER

The nostalgia rush that comes from visiting the Hamilton Toy Collection is as exhilarating as necking ten packets of Spangles. At the quiet end of Callander's busy main street, its unassuming frontage hides the Tardis-like magical world inside, crammed floor to ceiling with more than 100 years' worth of toys.

Owned and run by the Hamilton family since 1994, it sits in a joyous middle-ground between home and museum. It is firmly a 'collection'. If you imagine an ordinary house where

instead of decluttering toys and games you decluttered the people and furniture you've got the idea. What it lacks in organisation and informative labelling, it gains in volume and sheer glee. It's not an educational experience, it's just a hell of a lot of fun, whatever age you are.

The Hamiltons have been serious toy collectors for more than 125 years between them (although delightfully they're not serious at all). Each family member has their own particular area of

expertise. Dad Philip marshals the toy soldiers, shepherds the toy animals and controls the trains and planes. Mum Patsy tends to the delicate needs of the teddy bears and toy dolls. Her collection, including bisque dolls and Steiff bears, is something to behold. The children (grown up now, outwardly at least) Cris and Catrina generously share their childhood playthings – cars and chopper bikes, and small collectibles respectively.

As the collection has been built up over decades, there is a treat for everyone. Visitors can't help reverting to their younger, more carefree selves and cries of 'I had that' or the plaintive 'I wanted one of those!' ring out. The collection starts to thin out around the 1980s onwards, but when so many of the characters have either never gone away or enjoyed a second coming (Dr

Who, Thunderbirds, Batman) today's generation of kids will be as delighted as their parents and grandparents.

Incredibly this is only a small fraction of the entire collection. It is changed regularly so visit often and when you do, remember to check the top of the shelves and all corners. It's worth going round twice if you have time. It's hard to tear yourself away, but the excellent toyshop on the way out means you can almost certainly pick something up for your own collection.

Access and opening times

The Hamilton Toy Collection is at 111 Main Street, Callander, Perthshire FK17 8BQ. It is open April to October Monday-Saturday 10am-4.30pm, Sunday 12pm-4.30pm.
thehamiltontoycollection.co.uk

The Horn Milk Bar ERROL, PERTHSHIRE

If you prefer pan bread to paninis, The Horn is the roadside stop for you. A well-kent landmark on the A90 between Perth and Dundee, it is one of the few small family restaurants left in the shiny world of today's motorway service villages. With more than 50 years in the business, it is loved by generations of weary travellers who break their journey for a roll and mince or a cheeky ice cream.

The Farquharson family who still own and run The Horn opened it in 1960. Back then, the A90 was the single-carriageway A85 and The Horn was a small tartan hut (repainted in a different tartan every year) selling local farm produce. The family, farmers by trade, also own the surrounding land and used to stop the traffic every Sunday to get their sheep across the road – imagine that today!

As car ownership grew, so did the audience for fresh milk, cheese and homebaking. The Horn outgrew its wee tartan shed and in 1970 was replaced

sourced locally and made to order, with bacon rolls (with a whole packet of bacon) and macaroni cheese and chips flying out of the kitchen. If you have more of a sweet tooth, fabulous cakes are shipped in daily from Fisher & Donaldson, local bakers of some renown, and there's great home-made ice cream.

It might look old-fashioned, but it's a pretty slick operation, catering for businesspeople, tourists, celebrities, families and unexpected coach parties all day every day. It's usually busy, but you can always find a table. Its speed and reliability means generations of Scots come back year after year, and international visitors take it to their heart, often stopping for a photo with the 'Global Cow' on the roof.

After 50 years, the Farquharsons are still using the same local suppliers that they have always done and are about to expand again. They are planning to move further up the road to a larger restaurant with more parking spaces and better facilities. It will be sad to see the current building go, but they know they have a winning formula and promise that the new design will build on the old and continue to make The Horn a Scottish favourite.

with the fantastically modern (now fantastically retro) round tearoom that it still occupies today. A shop was later added, followed by a lifesize Friesian cow decorated with a map of the world because the owner decided that 'it would not look out of place on the roof'. That's as good a reason as any, really.

This whole ensemble teamed with the 1970's décor inside gives the place the reassuring air of dropping in to your granny's. The cuisine is Scotland's finest,

Access and opening times
The Horn Milk Bar is at Home Farm, Errol, Perthshire PH2 7SR. It is open daily 8am-4.30pm (8.30am on Sundays).

India of In

India of Inchinnan RENFREWSHIRE

The stark beauty of the India of Inchinnan building is an unexpected delight on the otherwise featureless A8 Edinburgh-Greenock road. One of Scotland's finest remaining art deco buildings, it is a glorious sight – a two-storey white stuccoed exterior with simple red-, green- and black-tiled

decorations, the name of its owners proudly spelt out above the entrance.

In 1930, when the building opened, business was booming for the India Tyre and Rubber Company. What better way to advertise their prosperity than a flagship office built in the contemporary art deco style. Leading architect Thomas

Wallis was commissioned to design it as his practice, Wallis, Gilbert and Partners, was known for its elegant buildings. India of Inchinnan opened in between two of their other art deco masterpieces – the Firestone Building in Middlesex and the Hoover Building in Perivale.

This large expanse of flat, isolated land was an ideal spot for a company that wanted lots of space and a local workforce. Back in 1916 William Beardmore's opened the Inchinnan Airship Constructional Station here. They built houses for their workers a safe distance away (in case of explosion) and for a while the business was hugely

successful, peaking in 1919 when their R34 airship made the first return transatlantic air crossing. When airship production waned after the war so did Beardmore's fortunes and the site closed in 1922.

When, in 1927, India Tyres moved in they reused the hangars for their production lines and built houses nearby to accommodate another few hundred workers. For more than 50 years it was a success, but in 1981 the office closed and the building became derelict. There were various regeneration attempts, but none took off until software firm Graham Technology (now Sword Ciboodle) stepped in. Architect Gordon Gibb, a local man who had admired the building since he was a child, won the commission to bring the building back to life and the long restoration process began.

By 2003 the A-listed art deco block had been renovated and extended in a way that glorifies its past and sets it up for a new future. The main block has scrubbed up beautifully and, behind it, a modern extension (as modern as the original building in its heyday) pays homage to Beardmore's and the airships that were made here. Inside, the ceiling is a full-scale replica of the underside of an airship and the wall lights spell out R34 in Morse code. The redevelopment won Best re-use of an Historic Building at the Scottish Design Awards and is now Scotland's only A-listed commercial building. It remains in use as offices and the R34 Restaurant and Café which is open to the public.

Access and opening times

India of Inchinnan is on Greenock Road, Renfrewshire PH4 9LH. The R34 is open Monday-Friday 8am-5pm, Sunday 11am-5pm, and the restaurant is open Saturday 11am-4pm. r34restaurant.com

The Italian Chapel ORKNEY

In the waters of Scapa Flow, the rusting hulks of scuttled German warships are a visible reminder of the important role that Orkney played in World War II. Beside them on the small island of Lamb Holm, the Italian Chapel is a symbol of the lasting peace.

The chapel, and statue of St George that sits beside it, are the only remaining pieces of Camp 60, a prisoner of war camp which held several hundred Italian prisoners from 1942 to 1944. The men, who were experienced tradesmen, spent their days building the Churchill Barriers, the causeways constructed as naval defences linking the islands of Orkney's mainland.

In their spare time, the men worked on making the camp a home from home. Their Catholic faith was vital to them so they negotiated the use of two Nissen huts for a small chapel. Decorative materials were in short supply so it was a case of 'make do and mend' to turn this into somewhere fit for prayer.

Electricians, plasterers and smiths all played their part. Domenico Chiocchetti, one of the more artistic prisoners, set to work painting the chapel, taking inspiration from the finest Italian churches. Armed with a Christmas card from his mother featuring the painting, *Madonna of the Olives* by Nicolo

Barabina, he created a fresco of the Madonna and Child above the altar. The cherub on the bottom left holds a blue shield, a symbol of Chiocchetti's home town, Moena. The sanctuary vault was painted with the symbols of the four evangelists, with a white dove (symbolising the Holy Spirit) in the centre.

The fittings were made from found materials – an altar and holy water stoop from concrete and candelabras made from salvaged iron and brass. Wood from a wrecked ship became the tabernacle. The chancel was then so surprisingly delicate that an iron rood screen was commissioned to finish it off. After that, the rest of the building had some catching up to do, so Chiocchetti's simple but brilliant idea was to paint the interior to look like decorative brickwork

– so well done you have to stroke it just to make sure it isn't real.

With the interior complete the next task was to disguise the exterior, still unmistakably a humble Nissen hut. A bright white plasterwork façade was topped by a belfry with Gothic pinnacles on either side. Initially the bell was a cardboard one, until a ship's bell was found to replace it. The transformation was so remarkable that when the other prisoners left in September 1944, Chiocchetti was allowed to stay behind to finish the last few details. When it was finally complete, a small party was held to the soundtrack of the bells of St Peter's in Rome playing on a gramophone.

After the war ended, the camp was dismantled and over the years the condition of the chapel began to

deteriorate. In 1958 concerned Orcadians established a preservation committee and two years later a piece on BBC radio broadcast in Italy brought Chiocchetti back over from Moena to touch up his artwork. Links between Orkney and Moena continue to this day, with great affection on both sides. The chapel was restored again in the 1990s and is admired by visitors from all over the world as a remarkable place of faith and friendship.

Access and opening times

The Italian Chapel is on the island of Lamb Holm, reached from Mainland Orkney by the Churchill Barriers (A961). It is open April to September 9am-10pm, October-March 9am-4.30pm. There is no admission charge, but donations are welcomed.

John O'Groats CAITHNESS

When Robert Louis Stevenson said it is better to travel hopefully than to arrive, for many, he could have been talking about much-maligned John O'Groats.

'End to Enders', as those who travel the 1348km from Land's End are known, should come mentally prepared. The road to the end of the A99 is a long one, and the welcome that greets the weary traveller is a few gift shops selling Puffin Poo and tartan, a small pub that closes early, The Last House Museum, a windswept campsite and a derelict (though soon to be redeveloped) hotel. To add insult to injury, the northernmost point on the Scottish mainland is actually 17km west at Dunnet Head.

The epicentre of the whole place is the famous John O'Groats signpost which points the way to various far flung places. In recent years it has been cordoned off as visitors kept taking it home as a souvenir. Now a photo beside it costs a pretty penny and after 5pm it is packed away in a little hut for safekeeping. At least photos beside the stump are free and lone travellers take pictures of each other before heading off on the long road home. However, the great thing about John O'Groats is that if you stay long enough it sneaks up behind you and turns out to be quite good. The Last House Museum is fascinating – simple and informative, giving a real insight into life in this strange isolated spot. On a clear day,

the views across to the island of Stroma and further afield to Orkney are beautiful and the weather provides its own entertainment when the haar (sea mist) rolls in and out like a thick grey curtain.

Nearby, a walk to Duncansby Head rewards the traveller with stunning sea stacks and nesting seabirds, including puffins pottering about on the rocks. Around this part of the coast the beaches are pristine, covered in white sand or heaps of seashells. Seals bob around in the perfectly blue water.

On a bad day you could believe you were at the end of the earth, not the end of the road, but on a clear day it's the top of the world.

67

Keir Mill NEAR THORNHILL

Keir Mill, near Thornhill in Dumfries & Galloway, is a quiet wee place. Describing it as a hamlet is overegging things slightly. But great oaks from little acorns grow, or in this case great inventions, as Keir Mill is the birthplace of Kirkpatrick Macmillan, who gave the world the pedal-driven bicycle.

Born here in 1812, he worked as the local blacksmith. When he saw someone clamber past on a 'hobby horse' (a bike without pedals) he thought there must be a better means of self-propulsion and began to experiment. He came up with the 'Kirkpatrick' rear wheel pedal-driven bicycle which had wooden wheels, iron tyres and a weight of 57lb. There is a replica nearby in the National Cycling Museum at Drumlanrig Castle. It's hard to imagine it going anywhere, but in 1842, he took it 68 miles over bumpy roads to visit his brothers in Glasgow.

Legend has it that the locals heard tell of a 'Devil on Wheels' and thronged to meet him. No one had ever seen such a thing, and in the ensuing stramash Macmillan knocked down a young onlooker. He was called to the Gorbals Public Bar to pay a fine of five Scots shillings. The magistrate was so impressed that he let him off, provided he did a turn on his bicycle in the courtyard.

The *Dumfries Courier* reported the incident, saying, 'This invention will not supersede the railway'. How little they

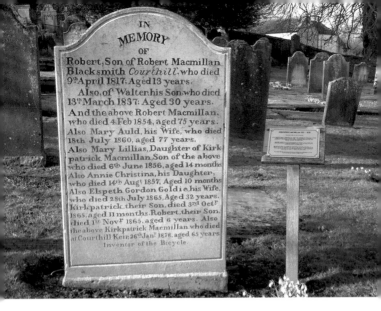

IN
MEMORY
OF
Robert, Son of Robert Macmillan
Blacksmith *Courthill*, who died
9th April 1817, Aged 13 years.
Also, of Walter, his Son, who died
13th March 1837, Aged 30 years.
And the above Robert Macmillan,
who died 4 Feb 1854, aged 75 years.
Also Mary Auld, his Wife, who died
18th July 1860, aged 77 years.
Also Mary Lillias, Daughter of Kirk
patrick Macmillan, Son of the above
who died 6th June 1856, aged 14 months
Also Annie Christina, his Daughter,
who died 14th Augt 1857, Aged 10 months
Also Elspeth Gordon Goldie, his Wife,
who died 28th July 1865, Aged 32 years.
Kirkpatrick, their Son, died 3rd Octr
1865, aged 11 months. Robert, their Son,
died 1st Novr 1865, aged 6 years. Also
the above Kirkpatrick Macmillan who died
at Courthill Kein 26th Jany 1878, aged 65 years.
Inventor of the Bicycle.

knew. Instead, this leap forward for personal travel was as exciting as the jet pack. However, with that sort of reception, Macmillan's bicycle did not become popular and he didn't take it any further. Others had similar ideas and in Paris in 1861, Michaux's Boneshaker, with cranks and a front-wheel pedal became popular. This paved the way for the Penny Farthing in the 1870s and the rear wheel-driven 'safety' bicycle of the 1880s.

Kirkpatrick Macmillan died on 26 January 1878, aged 65, and is buried in the village churchyard. While he's not exactly a household name, cyclists come from all over the world to pay homage. On a crowded family gravestone, his name is at the bottom, almost like an afterthought. His relatives all died early, many as children. Kirkpatrick was lucky to lead a long and productive life. As the National Committee on Cycling plaque on his smithy home reads 'He builded better than he knew'.

Access and opening times

To reach Keir Mill from Thornhill (5km), take the A702 as far as Penpont, then turn left. The Scottish Cycle Museum is at Drumlanrig Castle, Thornhill, Dumfries & Galloway DG3 4AQ. It is open April to September 10am-5pm daily. There is an admission charge to the grounds. drumlanrig.com

Kelburn Castle AYRSHIRE

Kelburn Castle is no ordinary castle, not on the surface anyway. For years it was a perfectly standard Scots Baronial castle which didn't stand out in a country full of them. But when the owner, The Earl of Glasgow, discovered that the render covering the building needed to be renewed, his son David, an architect, persuaded him to send it out in style. The Graffiti Project was born.

In May 2007, four Brazilian graffiti artists – Nina, Nunca and Os Gemeos (identical twin brothers Otavio and Gustavo Pandolfo) – transformed the south façade of the castle into one huge mural. The grey castle wall has become an amazing piece of art designed to both delight and to challenge people's prejudices against graffiti.

The mural covers one wing of the castle, turrets, chimneys and all. Each artist has their own distinctive style, but their work interweaves to create a strange and magical tableau. The blank-looking yellow fellows with spindly legs are an Os Gemeos trademark. The big-

eyed wistful looking creatures surrounding by nature are by Nina, and Nunca's indigenous South American people join the crew, all living in magical harmony.

What's great about the Graffiti Project is that it's so audacious. There is a lot of public art in Scotland and plenty of murals around, but this is different. The sheer size is remarkable, but the way that it's so colourful and unconventional is very fresh. Originally designed to be a temporary artwork, the project has proved so popular that in August 2011 the Earl applied for permission from Historic Scotland to keep it permanently.

Access and opening times

Kelburn Castle is by Fairlie, Largs, KA28 OBE. The grounds are open all year 10am-6pm daily. There is an admission charge. kelburnestate.com

Leadhills and Wanlockhead Railway

DUMFRIESSHIRE AND LANARKSHIRE

Officially, the Leadhills & Wanlockhead Railway is Britain's highest narrow gauge adhesion railway, reaching almost 1500 feet above sea level. It runs from Leadhills to Glengonnar near Wanlockhead which is Scotland's highest village. Unofficially, it's an incredibly dinky little railway whose charm lies in the incongruity of a brightly painted Trumpton-esque train chugging its way through a particularly austere part of Scotland. That and the delightfully slow pointlessness of the journey.

At Leadhills there's a lovely little station covered in signs reclaimed from defunct railways. There are only two stops on the line (two ends, basically) and the journey from Leadhills to Glengonnar takes roughly 10 minutes, running every 40 minutes or so. It's not far and you could walk it quicker but that's not the point. Travelling at such a leisurely pace is so relaxing, and there's plenty of time to enjoy the scenery, which is beautiful in a strange, rugged way. Due to the altitude and exposure, little grows apart from heather and gorse and there's nothing else here apart from fragments of the old lead mines that gave the railway its original raison d'être.

The railway was built in 1900 by the

Caledonian Railway Company to ferry the lead in Leadhills to central Scotland. The lead mines closed in the 1930s, but passenger traffic continued until 1938. In 1983 a group of enthusiasts took on a project to build a narrow gauge tourist railway. Using reclaimed bits and pieces from former train lines (the signal box was once part of the West Highland Line) they built the station from scratch and have been extending it ever since.

Glengonnar, the current end of the line, is an abrupt stop in what appears to be the middle of nowhere. Actually it's the invisible division between South Lanarkshire and Dumfries & Galloway. A modern border dispute characteristic of the Wild West is stopping the extension of the track into Wanlockhead proper. Instead, you need to 'detrain' and walk along the track bed past sheep droppings and rabbit carcasses.

When you reach Wanlockhead (not far) you can refuel in Scotland's highest pub, The Wanlockhead Inn, or try gold panning at the Museum of Lead Mining

GLENGONNAR

PASSENGERS LEAVING
THE PLATFORM AREA
DO SO AT THEIR
OWN RISK

which also has a friendly café. The ticket covers travel all day so you can shuttle back and forth all you like. Just pick one of the carriages that has closed windows and doors as it can be bracing up here, even in summer.

Access and opening times

The Leadhills & Wanlockhead Railway is at The Station, Leadhills, South Lanarkshire, ML12 6XP. The railway is run by volunteers at weekends and selected bank holidays from Easter until the end of October. leadhillsrailway.co.uk

Little Sparta

DUNSYRE, LANARKSHIRE

Little Sparta is the extraordinary garden of an extraordinary man. Created over more than 30 years by artist, poet and sculptor Ian Hamilton Finlay, his wife Sue and various collaborators, the word 'garden' doesn't do it justice. As the name suggests, it is more like an independent state, spikily standing out against the soft, rolling countryside of the Pentland Hills.

Set out over nine acres, Little Sparta is divided into different areas which flow into each other. A map is available on request, but this is for information rather than orientation. There are so many winding paths, nooks and inlets that it's almost impossible to stay on the straight and narrow. A gentle wander is much more fun. Each path approaches from a new angle, so that places that you've already visited take on a new meaning. It is a fascinating and beguiling place.

Make sure you leave enough time to appreciate it all (at least one hour). Spreading out from the house (called 'Stonypath') more than 275 artworks are carefully placed throughout the landscape, ranging in size from the Garden Temple of Apollo (an adapted outbuilding) to inscribed stones and plantpots. Almost every built surface is covered with names, quotes and poetry.

The Little Sparta website describes it as having a 'high idea content' which is

true on two levels – there are lots of ideas and they are fairly lofty. To understand them all requires a good grasp of languages, ancient and modern, and a thorough grounding in history and literature. However, if you know nothing it's just as good. It's a beautiful place to walk and after a few circuits the themes of conflict, the sea, the French Revolution, philosophy, literature and classical civilisation make themselves known one way or another. Piecing together the clues is part of the fun.

In case this sounds very serious, there is a lot of humour, which is truly impish in parts. In the Front Garden which has a strong World War II theme, a stone marked 'Achtung Minen' covers the electricity supply and a signpost marked 'Zur Ziegfried Linie' points to the washing line. Nearby, Huff Lane – a short, narrow avenue lined with low benches enclosed by hedges on three sides – is a special place for anyone in a huff to retreat.

The ideas of conflict and independence are present throughout. The garden took its name in 1980 (inspired by Edinburgh, the 'Athens of the North') after a long and protracted battle with the local council over the status of the temple. It's the perfect name for somewhere which is steeped in the past, at one with nature and at odds with the modern world.

Access and opening times

Little Sparta is in Dunsyre, South Lanarkshire, ML11 8NG. The garden is open to restricted groups (no children under 10 or dogs) for short periods between June and September. littlesparta.co.uk

Lower Largo FIFE

You could say that Lower Largo is famous for one thing, but famous is hardly the word. However, if you do take that turn-off on the A915 Kirkcaldy-St Andrews road and land up there it will soon be obvious what it is.

Lower Largo was the birthplace of Alexander Selkirk, immortalised as Daniel Defoe's Robinson Crusoe. He was born here in 1676 and ran away to sea less than 20 years later to work as a buccaneer. On one voyage in the South Pacific, he grew concerned about the state of his ship (good call; it later sank) so stayed ashore on the Juan Fernandez Islands, little knowing there would be four years of solitude before he was rescued.

It's a story that captures everyone's imagination, but considering the romance and drama of Selkirk's life, his legacy in Lower Largo is pretty low key. The first sight to hit you is the Crusoe Hotel, which has an enviable spot beside the harbour. There's no mistaking that it's 'that Crusoe' with the hotel's name etched into driftwood and a signpost pointing to 'Juan Fernandez Island 7500 miles'. Round the corner at 101 Main Street, there is an Alexander Selkirk statue on the house that now stands on the site of his birthplace. No doubt if he had been born anywhere else there would be Robinson Crusoe-themed boat trips that take you out to a rock and leave you there for the day, but here it's refreshing to find such a simple tribute to a remarkable man.

This fits in with Lower Largo as a whole – despite its hugely picturesque setting

it's a sleepy wee place. Traditional Fife fishermen's houses sit higgledy-piggledy under a viaduct which was built in the 1800s to carry the railway line through. The trains have long gone thanks to Dr Beeching, and the harbour which used to hold 36 herring boats is almost empty, but the place hasn't lost any of its character. Like many of the villages in the East Neuk of Fife it is a conservation area, and great care has been taken to keep it just the way it is.

Meikleour Beech Hedge PERTHSHIRE

When you hear the words 'world's biggest' there is always a frisson of excitement, but the world's biggest hedge is not one of the world's great crowd pullers. That shouldn't take away anything from its leafy greatness, though – it sure is big, standing 36.5m (120 feet) tall at its highest point. Just think of the stepladder you'd need to keep that in trim.

It runs along 161m (530 feet) of the A93 Perth to Blairgowrie road – on the left if you're going north. It is believed to have been planted in the autumn of 1745 by Jean Mercer of Meikleour and her husband Robert Murray Nairne who was later killed at the Battle of Culloden.

The Meikleour Beech Hedge has carried the 'World's Biggest' crown since 1966. As with any world record it's a serious business and the hedge is cut and remeasured every ten years. It is looked after by the Meikleour Trust and routine maintenance takes four men approximately six weeks.

If you are seeking it out, you could be forgiven for missing it, as to the untrained eye it looks like a tall, well-kept row of trees. The pavement underneath is narrow so from the bottom you can't quite see the top, like a proper skyscraper. And being beech, it goes a lovely colour in the autumn.

Museum of
Scottish Lighthouses FRASERBURGH

Lighthouses are amazing things. They're instantly recognisable, but no two are the same. They save lives in the harshest conditions but their workings are incredibly simple. They're positioned at some of the most remote spots on earth, but there's often a strong community around them.

The Museum of Scottish Lighthouses in Fraserburgh gives lighthouses the honour they deserve. It's two for the price of one here. It is both a museum about lighthouses and a lighthouse that is a museum.

The lighthouse beside the museum at Kinnaird Head was Scotland's first, built in 1787 by the Commissioners of Northern Lights. A tour is included in the entrance fee. Inside the tower, visitors can climb the spiral staircase to the top as the lighthouse keeper would have done many times a day.

The workings that power the light are a thing of beauty – the four-tonne mechanism, built from the innards of a church clock, spins on the gentle push of one finger. The lights are spectacularly economical. A 220-watt bulb can

transmit its light over 45km through the wonder of a Fresnel lens. A collection of these gigantic lenses is displayed in the museum – masterpieces of engineering as beautiful as any artwork.

Like anything nautical, lighthouse-keeping is a tough, dangerous existence. What makes the whole museum come alive is the testimony of lighthouse keepers and their families, who describe the harsh but satisfying routine of life in service – long hours, hostile conditions and prolonged isolation, broken only by the rigid routine of lighthouse maintenance, endless cups of tea and some knitting for entertainment.

There are more tales of ingenuity and determination in the shape of the Stevenson Family (relatives of Robert Louis), responsible for most of Scotland's lighthouses. Over three generations they revolutionised the design and operation of Scottish lighthouses, making them the envy of the world.

The last Scottish lighthouse was automated in 1998, and now all are controlled remotely from the Northern Lighthouse Board headquarters in Edinburgh. Modern ships are fitted with GPS and there is some suggestion that new technology could make them obsolete by 2080. What a dull place the world would be without them.

Access and opening times

The Museum of Scottish Lighthouses is at Kinnaird Head, Fraserburgh, Aberdeenshire AB43 9DU. It is open from April to October; Monday-Saturday 10am-5pm, Sunday 12pm-5pm. Tours run to the top of the lighthouse through the day. There is an admission charge. lighthousemuseum.org.uk

Pennan MORAYSHIRE

Pennan, on the Moray coast of North East Scotland, is a tiny village with a big reputation. It is hard to reach, down a steep, narrow, serpentine road, but many visitors make the effort. There's one reason why – they all love *Local Hero*. In Bill Forsyth's 1983 film, Pennan has a starring role as Ferness, which will become an oil refinery if some American businessmen (led by Burt Lancaster) have anything to do with it. Like Forsyth's earlier masterpiece *Gregory's Girl*, the film has a great cast and an understated sense of wonder that makes people fall in love with it.

When you arrive there, it's easy to see why it was chosen. There is only one street which runs along the shore, lined with clothes poles, lobster baskets and the odd hammock. The houses turn their gables against the sea to shelter from the harsh north wind. The harbour is small and functional and the cliff that towers above the houses threatens to engulf the village every few years. There is no shop (unlike Ferness) and the Pennan Inn was closed for years, only reopening in October 2009. It's not exactly bustling; in fact, it is a world away from the skyscrapers and long-distance speakerphone conversations of the Texan oil industry.

There is no shortage of little villages with picturesque harbours round these

parts, but here the all-important troika of harbour, phonebox and inn (essential to the plot) are within spitting distance of each other. The famous red phonebox, from which Peter Riegert calls Houston to report on the 'acquisition of Scotland', was added as a prop. When it was removed after filming there was an outcry so it was replaced in a slightly different location, where it still stands today. Even the perfect driftwood on the beach has a cinematic quality, although the beach scenes were shot on the sands at Morar on the west coast.

Its appeal has endured over the years and in 2005 Pennan topped a poll for the best film location in Britain. A plaque on the Pennan Inn opposite the famous phonebox commemorates its fame. In 2008, *The Culture Show* brought Bill Forsyth back to the village to celebrate *Local Hero*'s 25th anniversary with a showing in the tiny community hall.

The film and the village are so inextricably linked that you can almost hear Mark Knopfler's famous theme 'Going Home' as you approach. As the film suggests, it's difficult to leave here without taking a piece of it away with you.

The Pineapple DUNMORE, NEAR FALKIRK

Many follies are hard to describe, but The Pineapple in Dunmore (1km northwest of Airth in Stirlingshire) needs no introduction. On top of a classical Palladian pavilion which contains a small octagonal room, there is a 14m (45 foot)-tall stone pineapple. When it was completed in 1761, pineapples had only been grown in Scotland for 30 years and were so exotic few people would have seen, let alone tasted, one. Even today, accustomed as we have become to the fruit, it is a joy to see.

Commissioned by John Murray the 4th Earl of Dunmore, the precise reason for its creation has been lost with time. Many sources suggest that the pineapple was then a symbol of wealth, and follies were certainly in fashion. Pineapples were grown at Dunmore in the Earl's heated greenhouses, and the windows looked out onto a fruit orchard which still survives today. If you're going to design a building in the shape of a fruit and really want to show off, the spikiness and symmetry of a pineapple make it a good choice. Whoever the architect was, he did a sterling job – the detail is breathtaking and it has been designed with care. Each leaf is constructed with its own drainage system in order to avoid frost damage.

Its solid construction probably helped to save it from an ignominious end. By 1970 it was still in good shape while the surrounding buildings were starting to crumble. The Countess of Perth gifted them to the National Trust for Scotland and with the help of The Landmark Trust they were restored. The gardens are open to the public and the building itself can be rented out as an unusual holiday destination.

If you're planning a visit, the gardens are a nice spot for a picnic and there are some woodland walks, but be aware that there are no amenities on site. From the car park outside the gates, there is a short walk through the beautifully maintained gardens until a gap in the fruit trees frames The Pineapple to best effect. If you walk towards the building there is an information board with some facts and figures on the building and its history. But most of it is just an architectural anomaly which won't fail to bring a smile and a sense of wonder to any visit.

Access and opening times

The Pineapple is at Dunmore, near Airth, Falkirk FK2 8LU. The grounds are accessible all year, 9.30am-sunset daily and there is a picnic area. Entry to the grounds is free. nts.org.uk

Robert Smail's Printing Works INNERLEITHEN, BORDERS

In the well-kept Borders town of Innerleithen, Robert Smail's Printing Works is a little corner of a world gone by. The dapper double-fronted shop on the High Street served the local area for more than 100 years, printing everything from address labels to newspapers. The Smail family who ran it were a canny lot and didn't waste their money on newfangled printing presses when the old ones worked perfectly well. This is

good news for fans of the printed word, as their collection of letterpress machines, typesetting equipment and vintage office ephemera is one of the few to survive the march of progress.

It's a minor miracle that it did. In the 1980s Cowan Smail – the last of the family – retired and the property was sold to developers. By chance, Maurice Rickards, founder of the Ephemera Society, which exists to preserve 'the minor transient documents of everyday life', saw one of Smail's posters and wondered where such classic typography was coming from in this modern day and age. When he found the mine of vintage goodness about to be lost, he hot-footed it to the National Trust for Scotland and they intervened just in time to save it.

Smail's now operates as an industrial heritage museum where visitors can see the whole printing process as it once was and have a go themselves. Downstairs in the machine room the historic presses are demonstrated by skilled operators. They are big beasts and not to be messed with. With heavy machinery and lethal guillotines, printing was a dangerous business. It was a noisy one too, from the gentle clank of the clam-shell platen to the enormous noise of the Heidelberg, bought in 1953 after a visit to the International Printing Exhibition, which batters away like a hundred drummers drumming. It's a world away from the soft swish of a modern printer.

Upstairs in the caseroom, the compositor's trade is explained – a lost art if ever there was one. If you didn't know why 'Upper Case' and 'Lower Case' are so called you soon will. A quick shift on the setting sticks shows why 'minding your ps and qs' was paramount for any apprentice who wouldn't want to be 'out of sorts'.

Back across the courtyard, the Smail's office is a shopkeeper's life set in aspic. The guardbooks, showing every job printed from 1876 to 1951, are an education in design and a history lesson in one go. The ornate silver till is a work of art all of its own and the desks and shelves are covered with the ephemera of early 20th-century office life.

As well as operating as a museum, Smail's continues to print delightful letterpress cards and posters for the local area and beyond. Heaven knows, today's design and print processes are a lot more sophisticated, but a visit here really brings home the skill and artistry of the old days in a way that the whole family can enjoy.

Access and opening times
Robert Smail's Printing Works are at 7/9 High Street, Innerleithen, Scottish Borders EH44 6HA and are open April to October, Thursday to Monday afternoons only. There is an admission charge. nts.org.uk

St Cecilia's Hall and Reid Concert Hall Museum of Instruments EDINBURGH

The University of Edinburgh's musical instrument collection is a double delight. Spread over two locations, Reid Concert Hall Museum in Bristo Square and St Cecilia's Hall Museum on the Cowgate, it contains almost every instrument you can think of, from piccolos to pianos and banjos to bagpipes.

Established in 1840, the Reid Concert Hall Museum moved to its current location in 1859, making it the oldest purpose-built musical museum in the world. Inside, two fairly small rooms contain more than 1000 instruments – anything that can be blown into, struck, strummed or bowed, all in a mind-boggling assortment of shapes and sizes.

The collection spans orchestral, brass and folk instruments. Many are so large that it's amazing anyone could

pick them up, never mind play them. The outlandish Anaconda (or contrabasserpent), is one of the largest. It was played in Huddersfield for 20 years and had its last outing at the 1956 Hoffnung Music Festival – a celebration of musical oddities. The names are delightful – langspills and hurdy-gurdies, ophicleides, quinticlaves, euphoniums and Sousaphones are all on show.

Not everyone is a fan, but droning instruments such as bagpipes and Irish Uillean pipes are celebrated here. There's even a pungi, a type of double clarinet most commonly seen in the hands of an Indian snake charmer. There are beautifully decorated instruments from Africa and Asia alongside rustic folk ones like a bamboo zither and a Finnish trumpet made from birch bark.

St Cecilia's Hall, named after the

patron saint of music, opened in 1763 and is Scotland's oldest concert hall. The Raymond Russell Collection of Early Keyboard Instruments which is housed here contains a harpsichord once played by Mozart and a wonderful display of historical organs, virginals, clavichords and pianos. An audio tour (or an enthusiastic guide if you're lucky) lets you hear the subtle difference between them as the music conjures up fantastic images of 18th-century drawing rooms and formal dances.

Downstairs, there is a gallery of stringed instruments such as lutes, lyres, harps, dulcimers and guitars, spanning continents and centuries from the medieval gigue to the modern Fender Telecaster.

Even if you are not particularly musical, both collections are great to look at and the variety is startling. While many exhibits take years to master, there's bound to be something you'll have had a tootle on, with mouth organs, Jews harps and even a Swannee whistle proudly on display.

Access and opening times

Reid Concert Hall is at Bristo Square, Edinburgh, EH8 9AG; St Cecilia's Hall is on the Cowgate, Edinburgh, EH1 1NQ. Opening times are Saturday and Wednesday Reid Hall 10am-1pm and St Cecilia's Hall 2pm-5pm; additional opening times during the Edinburgh Festivals at St Cecilia's Hall Monday to Saturday 10.30am-12.30pm and at Reid Hall Monday to Friday 2pm-5pm; closed for two weeks at Christmas. Admission to both is free. music.ed.ac.uk/euchmi

Samye Ling Monastery and Tibetan Centre ESKDALEMUIR

The sight of Samye Ling Tibetan Centre comes as a surprise in the rugged Scottish countryside of Eskdalemuir. Established in 1967 by two Tibetan holy men, Dr Akong Tulku Rinpoche and Chogyam Trungpa Rinpoche, it was the first Tibetan centre to be built in Europe. Specialising in the Karma Kagyu lineage of Tibetan Buddhism, it caters for an ever-growing number of devotees and visitors who want to know more about this ancient religion.

The early days were spartan, but the centre steadily expanded. Tales of visits from David Bowie, Leonard Cohen, John Lennon and Yoko Ono are sadly apocryphal, but devotees came from far and wide to enjoy its rare sense of peace. Today, the centre has grown into a permanent community of 60 and a fascinating collection of buildings in eastern and western styles, scattered with statues, shrines and peace gardens.

In the heart of the centre, the temple building, made from local Locharbriggs sandstone, looks largely traditional from outside, barring the curved roof and bright flashes of colour. Outside, the sandals that traditionally festoon temple shoe racks in the more temperate east are replaced by trainers and sturdy walking boots (it is traditional to remove your shoes before entering).

The riot of colour and gold inside is enough to make you forget where you are. Every inch of the temple interior is decorated in one way or another, whether it's pyramids of Buddhist statues, coloured pillars, bright thangkas (Tibetan silk paintings with embroidery) or little flourishes of decoration. Designed by respected Tibetan artist Sherab Palden Beru, it was completed in 1988 by artists and craftspeople from the centre, which also works to preserve traditional Tibetan arts.

Respectful visitors can visit during prayer times where the hypnotic chanting and tingling of cymbals is a wonder to behold. It's an incredible opportunity to experience a little piece of Tibet without leaving the country. The monks in their russet robes mingle with the visitors, benevolent and smiling. Although the centre is clearly set up for prayer and learning, all visitors are

welcomed equally. In the Prayer Wheel House, a growing number of Buddhists and non-Buddhists, animal and human, rest in peace.

Inside the Tibetan Tea Rooms, teas (traditional and alternative) and vegetarian snacks are served. A small shop sells authentic Tibetan products. Sales help to raise money for the centre's charitable work in the East.

Outside, even the birds seem brighter and more vibrant here. Chaffinches tweet and flutter everywhere and peacocks squawk noisily. With near

constant building work going on as the centre expands, it's a bustling place. Like a babbling brook, there is a constant sense of noise and motion – flags flutter, prayer wheels turn – all part of the circle of life.

Access and opening times

Kagyu Samye Ling Monastery and Tibetan Centre is in Eskdalemuir, near Langholm, Dumfriesshire, DG13 0QL. The temple is open daily 6am-9pm (shop and tearooms 9am-5pm). samyeling.org

Scotland's Secret Bunker FIFE

There is great irony in a large road sign pointing to 'Scotland's Secret Bunker'. However, the chances of getting here without it are pretty slim. That's the point. Who would expect to find Scotland's secret government headquarters in a quiet corner of Fife?

When relations with the USSR chilled during the Cold War, the government decided to build a number of secret command centres along the east coast of Britain. Situated close to strategic sites

like RAF Leuchars and the Royal Navy's Rosyth dockyard, Troywood was perfectly placed and began life in 1951 as an early warning radar station.

After a few years, technological developments made it obsolete, so it was resurrected as a Regional Civil Defence Corps HQ. The response to any nuclear attack would be coordinated from here.

By 1968 it had been extended and its main purpose was to be home to Scotland's government in the event of a

concrete. The entrance is down a 150m-long dank tunnel at the end of which is a three-ton blast door.

Below ground, dim lighting and the background sounds of air raid warnings, radio broadcasts and scurrying feet create a realistic atmosphere of quiet terror. Different rooms show what life was like in the bunker through its various incarnations. Dummies in RAF uniforms strike wartime poses moving flight positions in the plotting room. Ghostly dormitories with space for the 300 people required to staff the bunker have uniforms folded neatly at the end of their cheerless bunk beds. In the command room, government bigwigs sit anxiously beside the famous red telephone.

The BBC studio, set up for emergency broadcasts, looks recently vacated and in the ops room you could believe that the

nuclear conflict. It sat poised and ready for action, but thankfully was never needed. It was decommissioned in 1992 and taken off the Secrets list in 1993.

If the word 'bunker' makes you think of something dinky like an Andersen shelter then think again. It really is huge. Imagine two areas the size of a football pitch (24,000 square feet) stacked on top of each other, buried 40m deep and encased in 3m of

staff have just nipped out for a quick cuppa. In some ways the non-military areas of the bunker are the most terrifying – the large mess (now a cafeteria), dormitory and chapel underline the fact that people were going to live down here as the world above ground fell apart. Two cinemas show the *Protect and Survive* public information films from the 1970s that explained how to deal with a nuclear attack. The advice (close the curtains and listen to the radio) seems ludicrous now.

This secret time capsule is a fascinating insight into the military and social history, technology and engineering of the last 60 years. It is suitable for all ages, and if you want to make your visit really special, the chapel is also available for weddings.

Access and opening times
Scotland's Secret Bunker is at the Crown Buildings, Troywood, near St Andrews, Fife KY16 8QH. It is open from March to October 10am-5pm daily.
secretbunker.co.uk

Scottish Vintage Bus Museum LATHALMOND

Bus spotting is the hobby that dare not speak its name – possibly because its name is 'omnibology'. Whatever it's called, the Scottish Vintage Bus Museum in Lathalmond near Dunfermline is somewhere that bus fans can let their freak flag fly. On a 49-acre ex-Royal Navy stores depot, there's plenty of space for double deckers, single deckers and other retired vehicles, including a boat, tank and bubble car. If there's anywhere for them to find a good home, this is it.

Margaret Thatcher said: 'Any man who rides a bus to work after the age of 30 can count himself a failure in life', but she is disregarded by the legions of bus-loving gents who pepper the museum. It is run entirely by volunteers who are in their element shuffling about amongst the exhaust fumes, fixing up the engines, punching the visitors' tickets and honking their horns. The café is staffed by ex-clippies who look like they've never left the depot. The air is full of bus love.

Buses are not renowned for their looks, but the main hall contains some vintage vehicles so beautiful that the

phrase 'back end of a bus' no longer seems like an insult. The graceful curves of their chassis and the delicacy of their logos and liveries is a joy to behold. This was obviously the way to travel in style.

Promotional posters show off the pin-ups of the bus world. Vintage travel boards advertise local tours that manage to sound exotic even though they're not going far – the Yetts o' Muckhart and the Rest and Be Thankful sound almost magical. If you're not that interested in buses you can play 'What's the funniest place name?' The bus blinds that hang above the luggage desk yield some crackers like Auchtermuchty, Ecclefechan and other tonguetwisters.

As well as the vehicles, there are other bits of bus memorabilia – clippies' uniforms, fleet books and, bizarrely, the Scottish Museum of Ashtrays. One row of display cases traces the history of on-bus ticket machines with the same level of detail you would expect of an exhibition on Ancient Egypt. Outside there are vintage petrol pumps and signs that help to set the scene for a golden age of bus travel.

HELEN

Alfred

The collection is spread out over a number of buildings. If you're not keen to walk, a tour of the estate on a vintage double decker is included in the price. There's always a race for seats at the front of the top deck, so be prepared.

Access and opening times

The Scottish Vintage Bus Museum is in the M90 Commerce Park, Lathalmond, by Dunfermline, Fife KY12 0SJ. Open to visitors every Sunday afternoon between Easter and early October, the highlight of the museum's schedule is the open weekend in August which features the Scottish National Road Run for Historic Commercial Vehicles. There is an admission charge. busweb.co.uk/svbm

Sharmanka Kinetic Theatre GLASGOW

In a small corner of Glasgow's Trongate 103 art complex, a troupe of surreal creations sits silently, waiting to spring into life. Words can't do justice to Sharmanka Kinetic Theatre. It has to be seen to be believed. Bringing the marvellous moving sculptures or 'kinemats' of Eduard Bersudsky to Glasgow, Sharmanka (the Russian word for hurdy-gurdy) was founded in St Petersburg in 1989 by 'sculptor-mechanic' Bersudsky and theatre director Tatyana Jakovskaya. No ordinary gallery or conventional theatre, it's a magical microcosm which never fails to astound its visitors.

The kinemats are substantial things, made from a ramshackle assemblage of old scrap and found objects, including sewing machine parts, Venetian blinds, bells, bicycle wheels, old prams and lawnmowers. Bersudsky's wonderfully lugubrious wood carvings breathe life into the sculptures – with creatures great and small, they are sinister and monstrous at times, impish and jaunty at others. Julian Spalding, the former director of Glasgow Museums and Art Galleries, described it perfectly as 'Heath Robinson meets Hieronymus Bosch'.

Visitors are invited to a 'performance' and when the music starts the magic begins. In the darkness, a spotlight picks out one of the kinemats which gently whirrs into life. It's difficult to hold back a kind of childish glee as tiny wooden figures crank and pedal until the kinemat picks up speed. They are full of complexity – a blur of cogs and wheels – but move with amazing grace. The shadows they cast are almost as magical as the machines themselves – the lighting direction by Tatyana's son Sergey is exquisite. Who would have thought a pile of scrap could have so much character?

Beguiling and whimsical, the kinemats can be enjoyed on a very simple level, but many are inspired by more serious concerns. The piece 'Proletarian Greetings to the Honourable Jean Tinguely from Master Eduard Bersudsky from the Cradle of Three Revolutions' shows a tiny Karl Marx working away in its innards. Bersudsky lived in St Petersburg until 1994 and his art is

unmistakably influenced by political events in the former Soviet Union. The artists Maggy and Tim Stead helped Sharmanka to come to Scotland where there is greater artistic freedom and from there the gallery grew and grew.

Today, Bersudsky's kinemats delight audiences the world over, and two smaller travelling Sharmankas tour constantly, finding particular favour in theatres and science museums – the two places where the technicians know how to keep the machines in working order. Now in his seventies, Eduard still works eight hours a day, six days a week creating these marvels. The imagination and craftsmanship involved is truly mind-boggling.

A visit to Sharmanka is so rich there's something here for everyone, whether they are fans of kinetic and outsider art, Russian culture and politics, woodcrafts, folk tales, mechanical machines, or whether they just want to enjoy it for the marvellous spectacle that it is.

Access and opening times

Sharmanka Kinetic Theatre is at Trongate 103, Glasgow, G1 5HD. Opening hours are variable. sharmanka.com

Spa Pump Room STRATHPEFFER

Strathpeffer is a delightful town with a very different character to that of its Highland neighbours. One of the major spa towns in Scotland, its distinctive mineral waters made it highly fashionable among health-conscious Victorians. Now, the beautifully-restored Spa Pump Room is the best place to get a taste of what brought wealthy visitors here for the season.

Built as the Upper Pump Room in 1839, the airy, tiled building (which doubles as the tourist information centre) contains a range of displays showing what sights awaited Victorian holidaymakers. As the original pumps

are still in place, the smells are authentic too. The waters come in a choice of flavours – sulphur and chalybeate (containing iron) – from five different wells, each suited to a particular ailment, use or time of day. Why not try a glass and see what it does for you.

With the whiffy waters, stern doctors and muddy peat baths, the Victorian spa experience is light years away from the fluffy bathrobes and scented candles of modern retreats. Here, visitors were punished, not pampered, with austere diets, disgusting waters to drink and a series of invigorating (and often undignified) treatments. It must have done some good, as the great and the good came in droves throughout the 19th century.

A railway line, linked to the London to Inverness sleeper, opened in 1885 and Strathpeffer quickly expanded with the grand hotels and villas that give it such character today. It remained popular in the early 20th century before the spa buildings were taken over during wartime. Although it continued to be busy after the war ended, its popularity had peaked. The main pump room in the town square was demolished in 1950 and the railway closed in 1951.

More recently, a programme of restoration work has revived the pump room and the neighbouring spa pavilion, now a stunning concert hall. The station has been transformed into the Highland Museum of Childhood and with plenty of interesting shops and cafés Strathpeffer is bustling once again. If you do visit, dip into the Spa Pump Room to see what made Strathpeffer the sparkling place it is today.

Access and opening times

The Pump Room is at The Square, Strathpeffer, IV14 9DL. It is open from June to late September, Tuesday to Friday. Entry is free.

The Stewartry Museum

KIRKCUDBRIGHT

Established in 1879, Kirkcudbright's Stewartry Museum is full of local things for local people. In contrast to some Victorian museums, this isn't the collection of Lord So-and-So who travelled the globe plundering other cultures; it's a charming collection of things found in and around the Stewartry, which is Kirkcudbright and the surrounding local area. Ironically, as these days other cultures are often better known than our own, it ends up feeling fantastically exotic.

On the ground floor, tidily corralled into glass cases, there are various local history exhibits. They range from the organised to the fairly random in a way that makes browsing a pleasantly serendipitous experience. There are axe-heads, butter churns, fob watches and curiously an old packet of Wills' woodbines 'found in 1974 under the floorboards of a shop in St Cuthbert St'. At some points it's less like a museum and more like the shop out of *Bagpuss*.

Its killer exhibit is the 'Siller Gun', a shooting trophy presented to the town by James VI (later James I of England) in

Large Tortoiseshell
Nymphalis polychloros

underside
Comma
Polygonia c-album

Small Pearl Bordered
Fritillary
Argynnis selene

Small Tortoiseshell
Aglais urticae

side
ck
io

Long Tailed Field Mouse

113

Cyclopterus lumpus
Common in spring
caught in kirkcudbright
Bay.
Presented by James
Penny. High Street.

1587. It is still used today as the prize in shooting competitions organised by the Incorporated Trades of Kirkcudbright. Alongside, there is a more modern range of trophies, for cheese-making no less. The world needs prize-winning cheese, after all.

Upstairs on the balcony there is a natural history collection which must have kept the local taxidermists busy for years. There are birds (and birds' eggs), mammals, butterflies, insects and fish. The copperplate handwriting is an exhibit in itself and the names read like poetry – Linnet, Tree pipit, Nightjar, Stonechat.

In one corner there is a collection of World War I posters, asking tricky questions like 'Am I justified in using my good field glasses for pleasure when I might send them to Lady Roberts for the troops at the front?' Well, it's definitely something to think about.

For a small collection, it takes a while to go through – there's so much to see and it's all so unexpectedly interesting. Situated slightly off the main drag in Kirkcudbright it's easy to miss, but well worth seeking out.

Access and opening times
The Stewartry Museum is on St Mary Street, Kirkcudbright, Dumfries & Galloway DG6 4AQ. It is open all year round (variable opening times) and admission is free.
dumfriesmuseum.demon.co.uk

Johnnie Sinclair - 1822 - 1888

A half-wit who lived in Kirkcudbright.
More a knave than a fool, and endowed with
a low form of cunning - he lived by his wits.
Well known on both sides of the Solway, he
met all steamers and greeted the passengers.
He was a hard drinker - when given the opportunity
- but always kept clear of the poorhouse
Buried at Kbt, with the Provost at the head of the
coffin, and the tombstone being provided by
"Gentlemen of the district".

115

Storybook Glen MARYCULTER, NEAR ABERDEEN

Storybook Glen is a fairytale paradise situated around 10km west of Aberdeen. Started in the 1980s after the owner saw something similar in Canada, it's a childhood time capsule. The concept is pretty simple – it's a park full of statues of storybook characters. They run the gamut from classic to modern – from Wee Willie Winkie to Tinky Winky. Over 28 acres, there are more than 100 characters scattered randomly throughout the park in a way that turns an amble into a journey of adventure. Some of the statues are in plain sight, others are hidden along secret pathways, so you never know who is going to loom at you out of a bush.

Some of the characters are instantly recognisable. Miss Muffet who was sitting on her tuffet eating her curds and whey is a no brainer. Others take a bit more thought – the lady lurking in the undergrowth brandishing a cleaver turns out to be from *Three Blind Mice*. Luckily, many of the tales are signposted and there's a map for the rest.

Of the historic tales, two themes emerge: violence and pies. Both appear in the tableau that is *Who Killed Cock Robin*. Unaccompanied children get

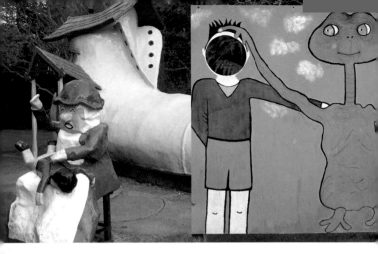

themselves into all kinds of scrapes – Hansel and Gretel forced out by their wicked stepmother are almost eaten alive; Little Tommy Tucker is forced to sing for his supper; Jack Be Nimble has to jump over a burning candlestick. And those are the lucky ones – The Old Woman Who Lives in a Shoe is there, giving some poor child a sound beating. In contrast, the modern-day figures stand out by their blandness – Wallace and Gromit and Fireman Sam are so gentle by comparison.

Some of the exhibits are a bit amateurish, it must be said. Thomas the Tank Engine appears to be wearing make-up, Snoopy is unrecognisable. The trolls in Trollworld seem like an avuncular lot while the Pixies in Pixie Land look like they could do you some serious harm. Others have an otherworldly beauty like Mary, Mary

Quite Contrary or Little Red Riding Hood, and the rest are plain surreal – like the giant chicks hatching from giant eggcups on the way to the large and impressive fairytale castle.

Although it's easy to scoff at this for being home-made and old-fashioned, it's a brilliant day out. The way it's arranged is well paced and encourages kids to explore every last nook and cranny. It's fun, educational and thought-provoking all in one. Every park should be like this.

Access and opening times

Storybook Glen is on South Deeside Road, Maryculter, Aberdeen, AB12 5FT. It is open year round from 10am daily, closing at 5pm in winter and 6pm in summer. There is an admission charge. storybookglenaberdeen.co.uk

JAMES BRIDIE

THE ANATOMIST

*...s Bridie
a 'lamentable
Part Murders"*

*Pocket-book made from the skin of
William Burke after his corpse had been
publicly dissected by Professor Alexander*

*Plaster cast of Burke's head made
immediately after ... ... the work of
the hangman's rope*

"Burke"

EXECUTION

Print...

p...

Surgeons' Hall Museum

EDINBURGH

The Surgeon's Hall Museum, part of The Royal College of Surgeons of Edinburgh, is Scotland's oldest museum. Established in 1832, it houses one of the largest and oldest surgical and medical collections in the UK.

The collection gives an insight into a profession that has revolutionised the way we live. The imposing neoclassical building, designed by architect William Henry Playfair (who also designed the National Gallery of Scotland), shows the collection off to full effect. The grand surroundings and tales of medical marvels take visitors back to earlier, more primitive days. A visit is not for the faint-hearted.

The museum's roots go back to 1699 when the Guild of Barber Surgeons began to gather medical curiosities. The collection contains many bizarre exhibits – preserved embryos, hideously malformed body parts, excised tumours and wonky skeletons. There are rows and rows of medical specimens, illustrating almost every disease imaginable – the result of birth defects, infectious diseases, industrial injuries and military operations.

There are also displays on the history of medical illustration and microscopy, developments in anaesthesia and antisepsis, and a fascinating explanation of how to preserve a body. The work of medical pioneers associated with the college is remembered, such as Professor of Midwifery James Young Simpson who developed the use of anaesthesia in childbirth. A side room, the Menzies Campbell Collection, showcases the history of dentistry,

wooden false teeth and all.

The dark side of medical history is explored through the story of Burke and Hare, Edinburgh's infamous bodysnatchers. Burke was hanged in 1829 and one of the museum's spine-chilling exhibits is a notebook made from his skin.

On a lighter note, the museum contains a tribute to Dr Joseph (Joe) Bell, an eminent Edinburgh surgeon whose technique of diagnosis through acute observation planted a seed in the mind of one of his young medics, Sir Arthur Conan Doyle. 'His eagle face, his curious ways and his eerie trick of spotting details' live on in Doyle's fictional detective Sherlock Holmes.

Although most of the museum is open to the public, access to the balcony in the Playfair Hall is restricted. It contains the most historic specimens, bobbing around in formaldehyde. Requests for access are popular among medical students, artists and Goths.

If you can handle it, a visit to the Surgeons' Hall goes to show what a long way medicine has come, and underlines how much we should be grateful to the people who have worked to make that happen.

Access and opening times

Surgeons' Hall Museum is on Nicolson Street, Edinburgh EH8 9DW. It is open Monday to Friday all year (April to October additional opening at weekends), except for two weeks at Christmas. There is an admission charge. museum.rcsed.ac.uk

Tam Shepherd's Trick Shop

GLASGOW

If you ever find yourself casting aspersions on the youth of today, take a trip to Tam Shepherd's Trick Shop in Glasgow's Queen Street. It turns out that the youth of today are doing what they've always done – stocking up on whoopee cushions and itching powder.

Trading from the same city centre premises for more than 100 years, the shop is small but tightly packed with goodies. Tricks and novelties are crammed into the glass-topped counters, partially obscured by saucer-eyed children and excited adults. Wigs, masks and a selection of celebrity rubber faces are behind you. It's not often you see Mick Jagger, Tony Blair and Maggie Thatcher rubbing

shoulders. At the far end, frivolity gives over to serious magic with a range of books and videos to suit the Sunday party-piece and the dedicated pro.

Tam Shepherd's has been entertaining kids, big and small, since the late 1800s, making it one of the oldest joke shops in the country, second only to Davenports in London. When Tam Shepherd (he really did exist) died, Lewis Davenport, who was a magician appearing at the Glasgow Empire, bought the shop from Tam's widow. The business is now owned by his grand-daughter Jean, who runs the shop with her husband Roy Walton, a world-famous card magician, and their daughters.

The family run the place with a

deadpan laissez-faire attitude. Requests for rubber biscuits and fake dog turds are actioned discreetly. Advice on the best moustache for a comedy Frenchman is expertly dispensed. Occasionally, exciting trinkets are unearthed from mysterious boxes under the counter. They have the air of people who have seen it all – no request too strange.

Somehow, despite being a joke shop, it's not tacky. Having stayed in the same business for so long without descending into tack gives the place real panache. Cheap and cheerful – it reminds you about the simple pleasures in life – fake cigarettes, snappy chewing gum, hand buzzers and droopy-eyed specs. If you're in the Glasgow area and find yourself in need of some buck teeth or a pair of hairy hands, this is the place to go.

Access and opening times

Tam Shepherd's Trick Shop is at 33 Queen Street, Glasgow G1 3EF. It is open Monday to Saturday 10am-5pm (Thursdays 6pm).
tamshepherdstrickshop.co.uk

123

Titan Crane CLYDEBANK

Clydebank's Titan Crane is a local landmark, standing proud in the wasteland that once was John Brown's shipyards. Shipbuilding was the main industry in Clydebank and Brown's led the way by building world-famous ships and ocean liners like the *Queen Mary* and the *QE2*. Over the years 'Clydebuilt' became international shorthand for quality and ingenuity and this majestic 46m-tall cantilever crane was key to its success.

Glasgow has another famous Titan crane at Finnieston, now a symbol of the city. Clydebank's was the first, created by Sir William Arrol and Company who were also responsible for Tower Bridge and the Forth Rail Bridge. The cantilever design, capable of lifting 200 tonnes, was revolutionary at the time and Titan cranes sprang up all over the world. There were 60 at one point. Now there are only 13 left in the world and four of those are on the Clyde. Titan Clydebank is the only one open to the public. A-listed in 1988, it was redeveloped by Clydebank ReBuilt in partnership with Historic Scotland and opened as a

unique tourist attraction in 2007, just in time for its 100th birthday.

Thankfully, part of the redevelopment involved fitting a lift. At the top of the jib there's an open mesh floor, which is not for the vertiginous. A small exhibition does a great job of showing what life was like when the crane was going full swing. In the wheelhouse, *Seawards, the Great Ships*, John Grierson's Oscar-winning 1961 short film, shows a typical day in the shipyards. It was a hard and dirty job – welders, toolmakers, loftmen, architects and many other occupations played a part. Crane drivers were an essential part of the team. Their shifts were one hour longer than everyone else's, with an extra 30 minutes at each end to get up and down the stairs.

Today, the Clyde shipyards are almost gone, but the crane is a symbol of the area's past and a brighter future as new buildings spring up across the wasteland. The view from the top gives a real sense of what has been lost and reclaimed in Clydebank. The drivers must have felt like King of the World up there. A trip here is a chance to do the same.

Access and opening times

Titan Enterprise is at 1 Aurora Avenue, Queens Quay, Clydebank, G81 1BF. A shuttle bus can take you from the nearby ticket office to the crane. The Titan Crane is open from late April to October, Friday to Monday 10am-4pm (daily in July and August). There is an admission charge. titanclydebank.com

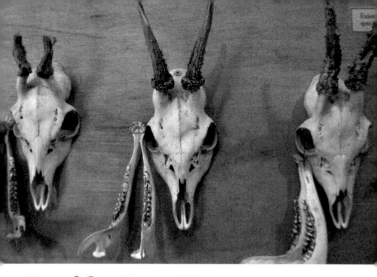

Torridon Deer Museum

TORRIDON, ACHNASHEEN

Like the animal that it's devoted to, Torridon Deer Museum is a shy little thing. To find it, follow the track from Torridon Countryside Centre, stop at the deer park for a good gawp at the stags, then look for a small building with a picture of a deer on the door. You can't miss it.

The great thing about the Deer Museum is that it opens up the world of an animal which is familiar to most Scots, but still a bit of a mystery. The display is compact but comprehensive and informative. Nothing is dumbed down, and everyone can pick up and handle the items (carefully) and learn something at their own pace.

So what's inside a deer museum? Lots of antlers? That's right, but who would have thought there was so much to know about them? They have a whole anatomy and vocabulary of their own, from the coronet to the cup. Like snowflakes, no two are alike − there are all shapes and sizes depending on breed, sex, age and health. It may not be common knowledge, but for the successful management of Scotland's deer population, it is vital information. The work of deerstalkers − the people, not the hats − is spelt out in a photostory around the walls.

The museum is dedicated to Lea MacNally, who was the ranger/naturalist at Torridon for 21 years. He came to the job after a spell as a professional

deerstalker and became a respected Scottish wildlife writer and editor of *Deer*, the journal of the British Deer Society. What he didn't know about deer isn't worth knowing. The museum, with its interesting specimens and informative labels, is a legacy that will help to educate new generations about the world around them.

Access and opening times

Torridon Deer Museum is at Torridon Mains, Torridon, Achnasheen, IV22 2EZ. It is open all year, daily. The park is operated by the National Trust for Scotland and a small donation is suggested for non-members. nts.org.uk

Tunnock's Factory

UDDINGSTON

Tunnock's dominates the town of Uddingston, 11km southeast of Glasgow. For more than 100 years, the family firm has been pumping out their trademark Tea Cakes, Caramel Wafers and other delights for the pleasure of Scotland's sweet-toothed populace. Tunnock's products are such a part of Scottish heritage that they've followed expatriates round the world, winning them the sort of global following that most brands would kill for.

Established in 1890 by Thomas Tunnock, their products haven't changed much over the years, with their distinctive sunburst packaging and slightly wonky lettering. In a world that's constantly changing, there's something very reassuring about that.

Traditionally, they're a bit of an old-person's snack, but that association with a trip to your granny's means that from an early age each bite of Tunnock's is imbued with more than just sugary satisfaction.

In Uddingston, their 'Daylight' bakeries loom large on one side of the main street, while the Tunnock's Tea Rooms nestle among a row of shops on the other. The Tea Rooms are a delight for any Tunnock's lover, or indeed anyone with a sweet tooth. As well as a range of rare Tunnock's biscuits (Wafer Crème, Coconut Meringue, Florida Wafer – all delicious) there are spectacular cakes, pies and loaves. At the back is a café, not the most attractive of places, but still a cheap

and cheerful place to refuel.

While you eat/shop, there are constant reminders of the glory of Tunnock's. The staff have a caramel wafer-shaped patch sewn onto their aprons, the counter is covered in miniature Tunnock's vans, the walls are lined with old adverts and then there are the window displays – oh boy, the window displays. Inhabiting the windows is a family of anthropomorphic creatures with bodies made from Caramel Logs, Tea Cakes and other Tunnock's paraphernalia. They are fantastically bizarre – a sign of genius, or madness. It's hard to tell which.

Across the road, the factory is impossible to miss. There's a giant illuminated Caramel Wafer on the front, and a Tea Cake clock. Understatement

really isn't their bag. Outside, the air smells of roasted coconut; the experience is pure Willy Wonka. Getting inside is just as difficult, but it is possible if you can wait up to 18 months for a place on the factory tour.

Like everything else Tunnock's-related, the factory has a slightly surreal air. The tour starts in the Snowball Department where mallow is piped down from the floor above and everything is manufactured, wrapped, boxed and made ready for shipping. Their wonderful packaging sits on huge rollers in a variety of languages, with Arabic the most prevalent. Strangely, the Middle East is their biggest export market, possibly due to the number of Scots who go to work in the oil industry there. They also have friends in high

places – the Sultan of Brunei's wife is such a fan that she came over with her entourage for a look round.

Whether you go for the full factory tour, visit the Tea Rooms or merely eat a Tea Cake in the comfort of your own home, every experience is a feast for the senses. As their slogan says 'You can't top Tunnock's'. Truly, they are one of Scotland's national treasures.

Access and opening times
Thomas Tunnock Limited is at 34 Old Mill Road, Uddingston, Glasgow G71 7HH. The Tunnock's Tea Rooms are open Monday to Saturday. tunnocks.co.uk

Ukrainian POW Chapel

HALLMUIR, NEAR LOCKERBIE

From the outside, this doesn't look like a place of worship. The small Nissen hut is pretty anonymous, but the crucifix on the door gives a clue as to what's inside. Inside the drab exterior, there is an ornate world of wonder. Simple wooden pews face a beautifully-decorated altar. There are religious statues on both sides and numerous brightly-coloured ornaments. If you look closely you can see that they're handmade, the best example being the Blue Peter-style chandelier made from tinsel and coathangers, still going strong after 60 years' service.

This chapel was built by Ukrainian prisoners of war who were sent here in 1947. Between 420 and 450 men were imprisoned in Rimini and packed off to Scotland instead of being sent home where they would have been tried as traitors and faced almost certain death. They arrived in Glasgow wearing German uniforms, and came to Happendon Lodge near Motherwell, then Carstairs, before landing up in the camp at Hallmuir, 5km outside Lockerbie in Dumfriesshire.

Ninety percent of the men were farmers, so the Ministry of Agriculture gave them jobs on the local land. One man, Mr Fallat, bought some fruit seeds from Italy and planted an orchard that still stands to this day. Inside the church, they were just as creative. The landowner, Sir John Buchanan Jardine, gave them this small hut and after humble beginnings they began to decorate it as a home from home.

On the high altar is a model of their local Ukrainian cathedral, carved with a penknife. It was made from memory after the Russians destroyed the real one. The candlesticks beside it are made from shell casings and the standards surrounding the arch are from a tent

brought over from Rimini. For a place decorated in a time of austerity, it's wonderfully cheerful.

The men kept their Greek Orthodox religion and integrated well with the local community, putting on plays and dances. Many stayed here and started families. Beside the church, a descendent of one of the POWs and his wife run a small information centre. They are keen to promote this wonderful place and educate others about the prisoners and their story.

Access and opening times
The Ukrainian Chapel is at Camp 68, Hallmuir, Lockerbie, DG11 1BN. To visit, turn off the M74 at Junction 18, Lockerbie. Turn left at the first roundabout (northbound) and take the Dalton Road. The chapel is signposted, so follow the road and look for the turn-off on the left. It is open all year round and services are held on the first Sunday of every month.

Victorian Toilets, Rothesay

ISLE OF BUTE

The gentlemen's toilets in Rothesay
are a palace of public conveniences.
Described by Lucinda Lambton,
architectural historian and well-known
cludgie connoisseur, as 'jewels in the
sanitarian's crown', they are one of the
finest examples of late Victorian
lavatories left in Britain.

In 1899, when the toilets were built,
Rothesay on the Isle of Bute was a
bustling seaside resort. Hordes of
visitors would come 'doon the watter'
(the water being the Firth of Clyde)
from Glasgow. The pier, now dominated
by CalMac ferries, was jammed with
paddlesteamers and holidaymakers
eager to spend a penny. So it was only
fitting that Rothesay's WCs should
welcome them in style.

Situated close to the ferry terminal, the
tile-clad exterior is nothing to write
home about, but inside it's a different
story. There's an explosion of colour and
decoration, and the fittings are
described by Lambton as 'the most
beautiful in the world'.

Fourteen fantastic porcelain urinals
stand erect along one wall, with another
six in a circular centrepiece. Made from
white Fireclay pottery and topped with
imitation green St Anne's marble, 'THE
'ADAMANT'' is stamped onto each,
along with the Twyford's crest. Although
the Victorians were rather prim, there's
nothing discreet about them. They are
out and proud.

All in all, they are an architectural
triumph. The original glass-sided

cisterns feed the water supply through shiny copper pipes, providing a gentle soundtrack while you tinkle. The glass roof lets in lots of natural light, making a pee a pleasure. For those wishing to bide a wee while, there are cubicles where the lavvy pans, as they are known in these parts, have commodious wooden seats. The bowl is marked 'THE DELUGE', which inspires great confidence in its abilities.

When they were commissioned by the Rothesay Harbour Trust there was one thing missing – any facilities for ladies. In the 1990s, the renovation led by Strathclyde Building Preservation Trust added ladies' toilets, baby changing facilities, a disabled toilet and shower rooms by converting storage areas inside the original building. They are unremarkable in comparison, but perfectly comfortable and clean.

The toilets and the attendants have won many awards. There are so many 'Loo of the Year' plaques that they've run out of room to display them. Visitors are more than welcome, and come in droves. Even Prince Charles, who holds the title Duke of Rothesay, has nipped in to admire a throne of a different kind. Ladies are free to have a wee keek at the gents provided they are not in use at the time.

Access and opening times

Rothesay's Victorian Toilets are at The Pier, Rothesay, Isle of Bute and are open daily. isle-of-bute.com/victoriantoilets

THE "ADAMANT"

Voltaire & Rousseau GLASGOW

Voltaire & Rousseau is everything that a great second-hand bookshop should be. Silent, dishevelled and rammed to the rafters with great books. It has been quietly sitting in Otago Lane for more than 30 years, becoming a mecca for Glasgow's students and intellectuals. It's not a big place, but every inch is chock full of something. There's no real sense of hierarchy. It gives the impression that no book is too unfashionable, too aged or too shabby. New books mingle with old. Hardbacks and paperbacks come together, pamphlets are fair game. If the spine is broken or the dust jacket's ripped

that's fine, no one stands on ceremony here. It feels like more a tribute to the printed word than a business.

As you enter, there's an ante-room filled with the discards of serious book-sorting efforts. You can often hit paydirt here: wonderful vintage books, Penguin paperbacks, Faber plays, Haynes car manuals, 1970's textbooks and spectacular children's books from the 1950s are piled high, sprinkled with leaflets, maps and disembodied dust jackets.

Inside, the shop is a delicious muddle of books. They tidied up once, for an

appearance in Channel 4 comedy *The Book Group*, but usually the books spill off the shelves in all directions. Browsing is encouraged by the sheer logistics of getting anywhere. To move at all it is necessary to shuffle along the tight alley of visible carpet. At the back on a hairpin bend, the way is obstructed by some cat food and a bowl. The cats are as much a part of the shop as the books and can often be seen sleeping in drawers or other cosy places.

Round the corner, a ladder has sat still for too long and had some books shoved on it, blocking the way. Progress down this aisle is particularly tricky as what's on the shelves is obscured by the waist-high pile of overspill. Occasionally the silence is disturbed by the gentle plomph of a book-related landslip. Like a game of Jenga, pick up the wrong one and the whole thing collapses.

If you do find a bargain then pay at the pile of books that's wider and taller than the rest. The proprietor is usually in there somewhere. Famous visitors include Barry Humphries, The Reverend Ian Paisley and Richard Rooth who started Hay-on-Wye Book Town. He bought the entire contents of the storeroom.

So, Waterstone's it ain't. If you need to find something in a hurry don't go, but if you've got some time to spend, love books and fancy finding something wonderful it could be the place for you.

Access and opening times

Voltaire & Rousseau is at 18 Otago Lane, Glasgow, G12 8PB and is open Monday to Saturday 10am-6pm.

Whaligoe Steps, Ulbster CAITHNESS

There are two challenges at the Whaligoe Steps – one is finding them and the other is getting up and down them. A set of 365 flagstone steps set into the cliffside, they descend 76m to a compact harbour, one of the few on this inhospitable stretch of coast. They are a well-kept secret, cherished by the locals and adored by visitors, but still without a road sign to call their own. To find them, turn down the road beside the phonebox at Ulbster on the A99. Beside a row of fishermen's cottages, look for the giant visitors' book and you're in. The descent starts beside the wall of the big house at the top of the cliff.

The steps were built around 1792, following orders from landowner David Brodie. The story goes that 365 steps were laid, one for every day of the year. Today a few are missing, but it's still an impressive tally. The name Whaligoe comes from 'Whale' + 'Geo' (inlet) after the whales that sometimes washed up here. More often, the catch was herring, cod, haddock and ling and for decades the fishing industry thrived here.

The fishermen's paraphernalia can still be seen around the 'Bink' (the flat platform at the bottom). The winch that was used to pull boats into the harbour is still there, along with tar stains from the ropes, the barking kettle where the

nets were preserved and the nooks in the wall where lamps were lit. Fishing was predominantly a male industry, but women were vital too, hauling the catches up the steps and sometimes carrying them 11km to market in Wick, as well as feeding the men and taking care of the houses and children. It wasn't an easy life for anyone.

By the 1880s, the industry was starting to decline. Fishing boats were getting bigger, making access more difficult, and emigration was depleting the community. By the 1920s, only a handful of boats remained and the last fisherman retired in the mid-1960s. The steps had always been looked after by the fishermen and without their care they became broken and neglected.

In the 1970s, dedicated neighbours who knew what the steps meant to their heritage volunteered to repair and preserve them, often in very difficult conditions. It's no wonder that they have twice won the Shell Best of Better Britain Award. Today, local character David Nicholson is the custodian and if you have the pleasure to meet him he will tell you great stories of the steps that really make them come alive. The giant guestbook is there for a reason – to record the visitors that come from far and wide to visit this special place. If you do go, please sign it and give generously to help preserve them for future generations.

Whitelee Windfarm

EAGLESHAM MOOR

Visible for miles around, Whitelee is Europe's largest onshore windfarm, sitting high on Eaglesham Moor, 32km southeast of Glasgow. Covering 55 square kilometres, its 140 turbines silently generate 322MW of electricity, enough to power 180,000 homes. When it opened in September 2009, it was as a working windfarm and also as a tourist attraction complete with visitor centre and guided tour.

Before the windfarm was created, the land in a remote, inhospitable location was a large expanse of peatbog. Some people feel that windfarms are a blot on the landscape, so no one expected the hordes of people who have been arriving steadily since it opened. A visit (which is free) is a great opportunity to get close to a wind turbine, understand the debate for yourself and enjoy the outdoors in a unique scenic spot.

Up close, the turbines are remarkable things. Some 110 metres tall at their highest point, they make a soft whirr and the gentle, regular movement of the blades is mesmerising. The nacelle, which houses the generator, is as big as a double-decker bus, but they are unusually graceful things, standing

proud and tall, and it is surprisingly relaxing to be surrounded by them as they whirr around. The novelty is clear as visitors line up to get their photo taken at the foot of these giant structures.

Scottish Power Renewables in partnership with three local councils and various natural heritage bodies have laid over 90km of 'floating' paths between the turbines so that in years to come if the windfarm is no longer required, everything can be ripped up and taken away without leaving a trace.

At 370m above sea level, the views are spectacular as Glasgow sweeps out in the valley on one side and the mountains of Arran rise up on the other. A 25km area of habitat management has also been created to preserve the local wildlife, so there are lots of different reasons to visit.

There is a very informative visitor centre, run by Glasgow Science Centre, where visitors can construct their own windfarm and place tiny turbines in different parts of the landscape to see how the wind changes.

In November 2009, permission was granted for another 75 turbines so this is just the start. As their slogan says it will blow you away.

Access and opening times

Whitelee Windfarm Visitor Centre is on Moor Road, Eaglesham Moor, Renfrewshire G76 0QQ. It is open daily 10am-5pm. Entry is free. whiteleewindfarm.co.uk

World's Shortest Flight ORKNEY

The world's shortest scheduled flight runs between the two Orkney Islands of Westray and Papa Westray. Lasting just two minutes, or less if the wind is blowing in the right direction, there is barely enough time to get off the ground before touching down again, so don't expect any in-flight meals.

The flight, operated by Loganair, is part of an inter-island service which flies between Orkney's capital Kirkwall and the small airports on its outlying islands. It's not the only means of transport between the two islands (a ferry also runs), but it's certainly the quickest and easiest way of getting from one end of the islands to another. Used by Orcadians and sightseers (who get a

certificate of achievement), it's both a necessary lifeline and a great day out.

Fittingly for the relaxed pace of the islands, the flying experience is pretty informal. The plane itself is an eight-seater twin prop. Boarding is a gloriously classless experience with everyone clambering on like kids onto the school minibus. Before take-off the pilot does the in-flight safety announcement himself, by turning round and shouting to the back of the plane.

What's more, every seat is a window seat and the view is spectacular. It's a beautiful trip over one of Scotland's most unspoilt areas where the pristine sandy beaches and clear aquamarine sea look like a tropical paradise. You can

SNUF EN DE GEHEIME SCHUILPLAATS

PIET PRINS

SNUF EN DE GEHEIME SCHUILPLAATS

Elfde druk

Uitgeverij De Vuurbaak

Boeken van Piet Prins:

Snuf-serie
Snuf de hond
Snuf en het spookslot
Snuf en de jacht op Vliegende Volckert
Snuf en de IJsvogel
Snuf en de verborgen schat
Snuf en de geheime schuilplaats
Snuf en de verre voetreis
Snuf en de Zwarte Toren
Snuf en de luchtpostbrief

Holland onder het hakenkruis
In nacht en stormgebruis
Holland onder het hakenkruis, omnibus

Wapens in de winternacht

Wambo, omnibus

Andere jeugdboeken van De Vuurbaak:

Sophia Geuze
Sam. Vrolijke verhalen

Henk Koesveld
Rowan. Een verhaal uit de middeleeuwen
De zwarte kaproenen. Spanning in de middeleeuwen
De houten speelbal. Avonturen in de middeleeuwen
De scheepskist van de kaper
Boudin. De nar van Monnikenrede
De kleurvogel
Het geheim van de tempelridder

Adrian Verbree
Judith en de eilanddieven
Floors gouden vingers
Jibbe wil naar de tandarts

ISBN 978 90 6015 344 4
NUR 283/284/285

Omslag en illustraties: Jaap Kramer

www.vuurbaak.nl

1
Op de boerderij

Het was een prachtige zomeravond. De zon stond in het westen al laag aan de hemel, maar de warmte zinderde nog boven de velden.

Over de zandweg, die als een bruingele streep tussen de weilanden doorslingerde, reed een hoog opgeladen hooiwagen. Het sterke, bruine paard dat de wagen trok, liep met een rustig gangetje.

Op het smalle bankje achter het paard, met zijn rug tegen de enorme hooivracht, zat geen man, maar een jongen. Bertus Verhoef, de boerenzoon, was wel gewend met paarden om te gaan. Het mennen kostte hem weinig moeite.

Zijn twee vrienden, Tom Sanders en Karel van Doorn, lagen languit boven op het voer, dat zacht schommelde als een schip op zee. Een grote herdershond met een prachtig getekende kop sprong vrolijk blaffend om het paard en de wagen heen.

'Koest Snuf, een beetje rustiger, anders slaat het paard op hol!' riep Tom naar beneden. Maar Snuf, die altijd heel gehoorzaam was, luisterde nauwelijks naar zijn baas. Hij was in een uitgelaten bui en kon zijn plezier niet op.

'Wees maar niet bang: met zo'n paard en zo'n goede voerman krijg je geen ongelukken!' verzekerde Bertus lachend. Maar die geruststellende mededeling werkte als olie op het vuur. Zijn vrienden antwoordden met spottende en kritische opmerkingen over de bijzondere kwaliteiten van de 'goede voerman'.

Bertus leek zich er niets van aan te trekken, maar bij een bocht van de zandweg stuurde hij de wagen expres zo, dat het rechtervoorwiel opeens in een heel diep wagenspoor terechtkwam.

Het hoog opgeladen voer begon plotseling veel heviger te schudden.

De ervaren boerenzoon wist best wat de wagen kon hebben, maar Tom en Karel schrokken, wat ook de bedoeling was. Ze hielden snel hun mond. Bertus grijnsde vol leedvermaak. 'Ik kan er niks aan doen, jongens. Jullie maakten me zo zenuwachtig dat de wagen een beetje scheef ging. Dat komt er nou van!'

De twee anderen bromden iets terug, maar toen Bertus vlak daarna hetzelfde trucje nog eens uithaalde en zich opnieuw verontschuldigde over zijn 'zenuwachtigheid', waren ze zo verstandig hun kritiek voor zich te houden, en daarna ging het opeens veel beter.

De drie vrienden logeerden al een week op boerderij Het Eksternest, waar een oom van Bertus woonde. Oom Kees en tante Leen – zo werden ze ook door Karel en Tom genoemd – hadden zelf geen kinderen. Daar hadden ze veel verdriet van, ook al praatten ze er zelden over.

Ze vonden het fijn dat de drie jongens – en ook Snuf – een poosje kwamen logeren. Maar de jongens kwamen niet om te luieren. Ze hielpen hard mee bij het hooien.

Bij de vader van Bertus was de hooioogst al gedaan, maar hier, in een ander deel van het land, viel die dit jaar een beetje later. Wat extra hulp kwam oom Kees goed van pas.

Krakend en kreunend reed de wagen het erf van de boerderij op, naar de grote hooiberg, waar hij in hoog tempo werd geleegd. Tom en Bertus waren al bijna net zo handig met de hooivork als Bertus.

Ze hadden trouwens veel meer geleerd de laatste week: een landbouwtrekker besturen, gras maaien en zelfs melken, al ging het nog niet allemaal even goed.

Bertus had het paard uitgespannen en naar de stal gebracht. Dit was het laatste voerhooi dat vanavond zou worden binnengehaald. De weersverwachtingen waren goed: droog en zonnig. Morgen zou er weer een lange dag van hard werken komen, maar voor vandaag was het welletjes.

De drie jongens gingen zich eerst eens goed wassen onder de pomp. Oom Kees was inmiddels ook thuisgekomen. Een halfuur later zaten ze aan tafel voor een heerlijke maaltijd, waar tante Leen erg haar best op had gedaan. Daarna volgde de koffie, die ze dronken in het prieel dat in de tuin stond.

Het was een heel mooie avond. Na de hitte van de dag begon het nu heerlijk koel te worden. De wind voerde de reuk van gemaaid gras en hooi mee, vermengd met de geur van lindebloesem: die kwam van de twee oude lindebomen naast de boerderij.

Het was een beetje jammer dat de vredige stilte nogal eens werd verstoord door geschreeuw, gelach en motorgeronk.

Vroeger had de hoeve op behoorlijke afstand van het dorp gestaan, maar de laatste jaren was hier veel gebouwd en was het dorp steeds meer opgerukt in de richting van de boerderij.

Dat was niet de enige verandering. Schuin tegenover het huis van oom Kees, op zo'n tweehonderd meter afstand, begon een parkachtig landschap, waar bomen, struiken en weiden elkaar afwisselden. Daar waren enkele tientallen zomerhuisjes gebouwd, terwijl ook een gedeelte van dit terrein was ingericht als camping. Dat stuk stond vol met caravans en tenten.

Oom Kees en tante Leen waren niet mensenschuw. Wat drukte en lawaai in de buurt vonden ze niet erg. Maar als het vakantieseizoen zijn hoogtepunt bereikte kon het wel eens erg lawaaiig toegaan. De meeste zomergasten waren nette mensen, maar er zaten er altijd wel een paar tussen, die het liefst zo veel mogelijk herrie schopten.

Vanavond viel het mee. De wind waaide trouwens van de boerderij af en joeg het meeste geluid weg.

Snuf lag tevreden aan de voeten van zijn baas. Tante Leen schonk nog eens in. Na een uurtje stond oom Kees op.

'Jongens, het wordt tijd. De zon is onder de wol en wij moeten ook maar gaan.'

Eigenlijk hadden de drie vrienden nog niet veel zin om in bed te kruipen. Het was zo'n mooie avond. Maar de volgende morgen moesten ze om zes uur al weer present zijn. Oom Kees had dus wel gelijk. Drie kwartier later was alles in het Eksternest in diepe rust.

Twee dagen later was het hooien klaar. Er was nog werk genoeg te doen op de boerderij, maar dat konden oom Kees en de vaste kracht wel alleen af.

De jongens zouden nog een paar weken blijven logeren en alleen leuke dingen doen. Nou, zulke dingen waren er genoeg! Oom Kees en tante Leen hielden veel van dieren. Ze hadden niet alleen koeien, een paard, kippen en eenden, maar ook konijnen, jonge geiten, een paar lammetjes, parelhoenders, kalkoenen, een pauw en zelfs een ezel. De meeste dieren waren ondergebracht op een heel groot omheind grasveld. Tante Leen verzorgde ze alsof het haar kinderen waren, maar nu ze ook nog drie logés moest verzorgen kregen die de 'dierentuin' – zo werd het veldje voor de grap genoemd – tijdelijk in beheer. De dieren waren eerst erg schichtig voor Snuf, maar de hond gedroeg zich zo rustig, dat ze al gauw aan hem gewend raakten.

Tom en zijn vrienden hadden veel plezier met de bewoners van de dierentuin. De ezel bleek allesbehalve dom te zijn. Het was een leuk beest, zolang hij niet begon te balken, want dan kwam er zo'n oor- en hartverscheurend geluid, dat zelfs Snuf er zenuwachtig van werd.

Bij de camping was een zwembad, maar de jongens gingen liever een eind verderop zwemmen in het riviertje dat daar door het parklandschap kronkelde. Daar mocht Snuf ook naar hartenlust meedoen. Als de jongens een stuk hout in het water gooiden, zwom de hond er hard achteraan om het te apporteren. Dat spel verveelde hem nooit. Hij vond het ook heerlijk om met de drie vrienden in het water te spelen. Tom, Karel en Bertus waren alle drie goede zwemmers, maar Snuf was veruit de beste.

Het dorp waar de jongens logeerden lag vrij dicht bij een stad. Af en toe gingen ze daar ook wel naartoe. Maar ze waren blij als ze de drukke, van hitte blakende straten achter zich lieten. Na een fietstocht van drie kwartier kwamen ze bij de boerderij, waar tante Leen wachtte met heerlijk eten, en waar altijd wel iets te beleven viel.

Zo gleden de dagen voorbij. Het begon erop te lijken dat ze deze keer een rustige zorgeloze vakantie zouden hebben, zonder spanning en grote avonturen.

Ze zouden al gauw merken dat dit laatste een vergissing was.

2
De dijkrit en de drenkeling

'Jongens! Ik heb een hele lijst met boodschappen gemaakt. Willen jullie die voor mij halen in het dorp?'

Het was tante Leen die het vroeg. Tom en zijn vrienden stonden bij het hek van het dierenparkje. Ze voerden de ezel suikerklontjes, waar het beest dol op was.

'Ja hoor, tante. Dat is goed! We gaan meteen!' klonk het driestemmig. Thuis zouden ze misschien wel gemopperd hebben dat boodschappen doen werk was voor vrouwen en meisjes, maar hier, in een vreemde omgeving, vonden ze het heel gewoon en bovendien: voor tante Leen deden ze alles.

'Mooi! Span Archibald dan maar voor de wagen, dan heeft die ook een verzetje.' Archibald was de naam van de ezel. Oom Kees had een licht, tweewielig wagentje met luchtbanden waar het dier soms voorgespannen werd.

Nu kregen de jongens echt zin in de opdracht. De kar werd uit de schuur gehaald, de ezel ingespannen en even later gingen ze op een drafje naar het dorp. Karel mocht deze keer mennen. De beide anderen zaten ook op het wagentje. Snuf kon hen makkelijk bijhouden, want zo hard rende Archibald nu ook weer niet.

Tien minuten later waren ze bij de supermarkt, waar ze naartoe moesten. Dicht bij de winkeldeur stond een fietsenrek, maar een klant had aan een van de spijlen zijn hond vastgebonden. Het was een grote zwarte bullenbijter, die eruitzag alsof mensenvlees dagelijks op zijn menu stond. Het rek was verder leeg, want niemand durfde met zijn fiets in de buurt van het beest te komen.

Toen de hond Snuf zag, begon hij als een razende te blaffen en zo

wild te springen dat hij het zware rek een eindje meetrok. Snufs nekharen gingen omhoog staan en diep uit zijn keel kwam een donker
gegrom. Gewoonlijk was de mooie herdershond niet agressief tegen
andere dieren, maar van deze woeste vechtersbaas moest hij duidelijk
niets hebben. Karel keek even zoekend rond en stuurde het wagentje
toen naar de overkant van de brede straat. Daar stond een prachtige
plataan met een nog niet zo erg dikke stam. Hij maakte de leidsels
eraan vast. Snuf keek nijdig naar zijn vijand aan de overkant, die nog
steeds als een dolle tekeerging, maar Tom wilde geen gevecht.
'Koest Snuf! Hier zitten!' Hij wees de hond zijn plek en het goed
afgerichte dier ging gehoorzaam zitten, zonder zich langer aan de
bullebak te storen.
De jongens gingen naar binnen met hun boodschappenlijst en pakten
een winkelwagentje waar ze alles in konden leggen. Toen Tom even
later nog eens naar buiten keek, zag hij dat de vechtjas tot rust was
gekomen, omdat Snuf absoluut niet reageerde en rustig met zijn kop
op zijn voorpoten naast de ezelwagen lag.
Het was deze morgen druk in de winkel. Huisvrouwen, vaak met kinderen bij zich, kwamen boodschappen doen. Ieder probeerde zo vlug
mogelijk klaar te zijn. Onder de klanten bevond zich ook een man.
Een forse kerel was het, met een breed, glimmend gezicht, waarin een
paar sluwe zwarte oogjes stonden.
'Wij zijn toch niet de enige mannen in deze vrouwenwereld,' fluisterde
Tom spottend tegen Bertus. We hebben tenminste één bondgenoot.'
'Zo'n bondgenoot kan me gestolen worden,' antwoordde Bertus half-
zacht. 'Hij heeft me al twee keer opzij geduwd toen ik iets wilde pakken, omdat hij er eerst bij wilde.'
Nu zag Tom het ook. De man gedroeg zich alsof hij de keizer van
Lutjebroek was, liep iedereen voor de voeten en dacht alleen aan zichzelf. Bij de kassa begon zich een kleine file te vormen van klanten die
wilden afrekenen. Karel, die het boodschappenwagentje duwde, ging
ook in de rij staan. Ze waren klaar en wachtten tot het hun beurt was
om te betalen. Opeens kwam de brutale kerel eraan. 'Even wat pakken,' mompelde hij tegen Karel. Tegelijk schoof hij voor de jongen
langs, die beduusd wat achteruitging. Hij pakte een flesje uit een van
de zijvakken, bekeek het, schudde zijn hoofd en zette het weer weg.
'Nee, dat is het toch niet.' Meteen trok hij zijn karretje naar zich toe,

heel tevreden dat hij een plaatsje bijna vooraan in de rij had veroverd. Karel werd rood. Hij stond op het punt te protesteren, maar Bertus gaf hem een duwtje.

'Laat maar, wij hebben de tijd.'

Een paar mensen in de rij achter hen hadden ook gezien wat er gebeurde en maakten opmerkingen over brutalen die de halve wereld hebben, maar de man met het glimmende gezicht hield zich doof. Toen hij even later had afgerekend stopte hij zijn spullen in een draagtas en verdween.

De drie jongens hadden van tante Leen een grote kartonnen doos meegekregen om de boodschappen in te doen. Toen ze klaar waren gingen ze met hun voorraad naar buiten.

Daar was de zwarte bullenbijter weer hard aan het blaffen. Tom en zijn vrienden zagen in één oogopslag wat er aan de hand was. De brutale kerel had de hond, die blijkbaar van hem was, losgemaakt van het fietsenrek. Hij hield het monster aan zijn riem vast en was de straat overgestoken, zogenaamd om de ezel en het wagentje te bekijken, maar in werkelijkheid om Snuf te pesten. Die was nog steeds, gehoorzaam aan het bevel van zijn baas, op de plek die Tom hem had gewezen, maar hij stond nu rechtop, liet dreigend zijn tanden zien en scheen op het punt te staan zijn vijand aan te vliegen. Archibald was ook van streek en schopte nerveus met zijn achterpoten.

'Koest, Snuf, af!' riep Tom. Het dier ging gehoorzaam zitten, maar zijn nekharen bleven overeind staan.

'Is die hond van jullie? Het is een echte bangerik. Hij trilt als een schoothondje als Nero naar hem kijkt. Kom Nero, we gaan.'

De man en de hond liepen weg. Tom en zijn vrienden keken het edele tweetal verontwaardigd na.

'Zo baas, zo hond,' merkte Karel op. 'Die twee hoop ik nooit meer tegen te komen!'

Tom streelde Snuf kalmerend over z'n kop. 'Een schoothond, nota bene! Hij moest eens weten wat voor slimme dingen Snuf al heeft gedaan! Daar kan die Nero vast niet tegenop.'

'Toch ben ik blij dat er geen gevecht is gekomen,' zei Bertus twijfelend. 'Snuf is wel vlug en sterk, maar Nero is geen normaal beest. Hij is zo vals als wat!'

Ze zetten de doos met boodschappen in het wagentje en maakten de ezel los. Bertus streelde zijn flanken en sprak hem kalmerend toe, want Archibald was nog steeds zenuwachtig.

Tom zou nu mennen. Hij aarzelde even over de richting die ze moesten inslaan. Nero en zijn baas liepen een eind verderop in de dorpsstraat. Ze gingen precies de kant op waar de jongens ook heen moesten, maar Tom had geen zin om weer met die twee in aanraking te komen.

Bertus begreep hem direct en wist raad.

'Wij gaan de andere kant op. Dan komen we net buiten het dorp bij een weg. Die gaat naar de rivierdijk en dan gaan we verder over de dijk en langs de camping. Het is wat langer, maar een veel mooiere weg.'

'Zou tante Leen zo lang op de boodschappen kunnen wachten?' aarzelde Karel.

'O, jawel! We zijn in elk geval met koffietijd thuis.' Tom stuurde het wagentje de kant op die Bertus bedoelde.

De route was inderdaad nog mooier. Buiten het dorp reden ze door een afwisselend landschap. Na een kwartier bereikten ze de dijk langs het riviertje.

Over die dijk liep een smal weggetje dat gewoonlijk alleen door wandelaars en fietsers werd gebruikt, maar dat net nog breed genoeg was voor de ezelwagen.

'Zal ik de teugels overnemen? Als je iets te veel opzij gaat kukelen we misschien naar beneden!' Het was Bertus, de boerenzoon, die het zei. Maar Tom voelde niets voor dit voorstel. 'Laat Archibald maar aan mij over, dan komt het dik voor mekaar!'

Snuf, die er na het onaangename voorval met Nero wat sloom en lusteloos had bijgelopen, was nu weer op dreef. Hij draafde vrolijk voor de wagen uit. De dijk, die de kronkelingen van het riviertje volgde, maakte veel bochten. Tom moest goed opletten om de wielen precies op het weggetje te houden. Het lukte goed en hij genoot van de rit. De anderen trouwens ook.

Het begon al aardig warm te worden, al was het nog vóór elf uur 's ochtends. Bertus wees naar een plek een eind voor hen uit. 'Daar gaan we vanmiddag weer lekker zwemmen!' Hij tuurde even met zijn hand boven zijn ogen. 'Er is al iemand aan het zwemmen. Een jongen die net in het water wil duiken.'

Nu zagen de anderen het ook. Een jongen van nog geen tien jaar stapte in zijn zwembroek achter een bosje vandaan en sprong zomaar het water in. Hij spartelde met zijn armen en benen, maar Tom en zijn vrienden zagen meteen dat het jochie helemaal niet zo goed kon zwemmen. Hij dreef af naar het midden, waar de stroom hem mee-voerde.

Er klonk een gil over het water. Toen ging de drenkeling kopje onder.

'Hij verdrinkt!' schreeuwde Karel. 'We moeten hem helpen!'

Tom gaf Archibald een klap met de leidsels. De ezel begon te draven. Bertus nam snel de teugels over, maar ook hij moest de vaart van Archibald wat afremmen, want de wagen kon elk moment omslaan.

De ongelukkige zwemmer was weer boven gekomen, maar in zijn paniek sloeg hij zó wild met zijn armen en benen, dat hij na een paar tellen opnieuw onder water verdween. Het was duidelijk dat de jon-gens te laat zouden komen.

Maar Snuf was er ook nog! De angstige gil had de hond gealarmeerd. Als een flitsende pijl schoot hij over de dijkweg naar de plaats van het onheil. Daar nam hij een grote sprong in de richting van de plek waar luchtbellen en grote kringen in het water aangaven dat de jongen dáár was verdwenen.

Karel en Tom keken uit de verte gespannen toe. Bertus was zo ver-standig al zijn aandacht aan Archibald te besteden. Hij liet de ezel zo hard lopen als mogelijk was zonder dat de wagen omsloeg. Een paar keer ging het net op het nippertje goed.

Snuf kwam weer boven. Hij had de drenkeling niet gevonden en zwom nu in een kring rond. Plotseling kwam de verdrinkende jongen nog even opduiken. Voordat hij voorgoed kon wegzinken schoot Snuf op hem af. Met zijn bek pakte hij voorzichtig de rechterbovenarm van de jongen beet, om daarna koers te zetten naar de wal.

Net toen hij die bereikte bracht Bertus Archibald tot stilstand. De jongens sprongen vliegensvlug van de wagen en holden naar de waterkant. Ze namen de bewusteloze jongen van Snuf over en legden hem in de berm.

Terwijl ze daar nog mee bezig waren kwam de drenkeling weer bij. Hij knipperde met zijn ogen. Toen moest hij niesen en er kwamen

een paar grote golven water uit zijn mond. Daarna zonk hij weer half bewusteloos weg.

Tom liep naar het elzenbosje waar de kleren van de jongen lagen. Er lag ook een handdoek bij. Die nam hij mee. Hij ging er de rillende jongen stevig mee afwrijven om de bloedsomloop goed op gang te brengen. Het hielp. De jongen deed zijn ogen weer open en ging overeind zitten. Het leek nu pas tot hem door te dringen waar hij was en wat er was gebeurd.

'Ik... ik... hebben jullie mij gered?' stamelde hij.

'Wij niet: dat heeft Snuf gedaan,' antwoordde Tom terwijl hij naar de hond wees die er druipend en kwispelstaartend bijstond. 'Maar wie ben jij?'

'Dikkie... eh... ik bedoel Dick Brandt.'

'Hoe kon je zo dom zijn om hier zomaar in het water te springen! Je kunt niet eens zwemmen. Of wel misschien?'

De jongen was nu weer helemaal bij zijn positieven. De kleur op zijn wangen begon al terug te komen. Hij had bijna witblond haar, heldere blauwe ogen en een wilskrachtige kin. De vraag van Tom viel nogal slecht. Er kwam een koppige trek op het vriendelijke gezicht van de jongen. 'Ik mag niet leren zwemmen van mijn moeder. Ze is doodsbang dat ik verdrink.'

'Dat kan ik me voorstellen! Het scheelde maar een haar of je was verdronken.'

De jongen wilde iets antwoorden, maar het lukte niet. Hij slikte een paar keer, zijn lippen trilden en hij veegde met zijn arm over zijn ogen. Tom zag het en kreeg medelijden. Het ventje had al genoeg beleefd.

'Ga je maar gauw aankleden, dan brengen wij je in de wagen naar huis.'

'Ik... ik kan zelf wel naar huis lopen,' mompelde de jongen. Toen drong het blijkbaar tot hem door dat hij nogal onbeleefd en ondankbaar was. Hakkelend vervolgde hij: 'Ik wil... ik bedoel... jullie hebben me erg geholpen... en die hond... die heeft me gered. Bedankt..., maar nu kan ik het wel weer alleen af...'

'Dat weet ik nog zo net niet,' constateerde Bertus, die er ook bij stond. Hij kreeg al snel gelijk. Toen Dick opstond, wankelde hij op zijn benen. Hij herstelde zich en verdween achter het elzenbosje, maar Tom en zijn vrienden bleven op hem wachten.

Toen hij na een paar minuten weer tevoorschijn kwam, bleek Dick toch wel te beseffen dat hij beter kon rijden dan lopen.

Bertus had het wagentje al heel voorzichtig gekeerd. Ze pasten net alle vier op het bankje en reden in een rustig tempo terug.

Dick was nog steeds niet erg spraakzaam, al was hij niet meer zo afstandelijk als in het begin. De jongens hoorden alleen dat hij in het dorp woonde, enig kind was en dat zijn vader niet meer leefde.

Toen ze dicht bij het dorp kwamen, liet Bertus Archibald wat harder lopen. Dick genoot er zichtbaar van. Hij begon op zijn beurt vragen te stellen. Hij bleek het Eksternest en de familie Dijkman – dat waren oom Kees en tante Leen – wel te kennen. Hij had duidelijk zin om de ezel ook eens te mennen, maar dat vertrouwde Bertus hem niet toe.

Al snel reden ze de straat in waar Dick en zijn moeder woonden. De jongen werd nu weer wat nerveus. Hij keek zijn helpers smekend aan en zei: 'Laat me hier maar afstappen. Anders schrikt mijn moeder misschien erg.'

'Je wilt haar zeker niets vertellen?'

'Nee, echt niet. Ik zal echt vertellen wat er gebeurd is!'

Bertus wilde stoppen, maar het was al te laat. Een aantal huizen verderop stond een vrouw bij de ingang van de voortuin, die hen blijkbaar had opgemerkt. Ze keek erg ongerust. Dat moest de moeder van Dick zijn. In plaats van te stoppen liet Bertus de ezel nog wat harder lopen, tot ze bij de vrouw waren.

Mevrouw Brandt was een nog vrij jonge vrouw. Ze holde naar de wagen toe en omhelsde Dick, die er net afgesprongen was.

'Dikkie, lieverd. Wat is er gebeurd?'

'Er mankeert hem niks, mevrouw. Hij zal u zelf wel alles vertellen,' zei Bertus geruststellend. Hij gaf Archibald een tik met de teugels en reed vlug weg.

Ze volgden nu de kortste weg naar huis. Dat was ook wel nodig, want door het voorval was het erg laat geworden. Onderweg praatten ze nog wat na. Ze waren het erover eens dat Dick best een aardige jongen kon zijn, al was zijn gedrag in het begin wel erg vreemd geweest.

Toen ze thuiskwamen en de doos met boodschappen uit de wagen tilden, ontdekte Karel dat de drenkeling zijn zwembroek en zijn handdoek was vergeten. Dat kwam natuurlijk door de schrik, toen hij plotseling zijn moeder had ontdekt.

'Die moeten we terugbrengen,' vond Tom. 'Maar dat heeft geen haast. Dick moet voorlopig maar geen nieuwe zwempoging doen.'

Tante Leen keek wat geërgerd toen ze de keuken inkwamen. 'Dat heeft ontzettend lang geduurd. Oom Kees en ik hebben al koffie gedronken. Zet die doos maar gauw neer. Er zijn nog dingen bij die ik voor het middageten moet gebruiken.'

'Wij konden er echt niets aan doen, tante,' pleitte Bertus. 'Er zijn een paar dingen gebeurd die erg veel tijd kostten.'

'Nou, goed. Ik heb voor jullie nog een bakkie bewaard. Vertel dan maar eens wat er aan de hand was.' Tantes boosheid zakte alweer weg en haar nieuwsgierigheid was gewekt.

Terwijl ze koffie inschonk en zelf ook nog een 'bakkie' nam, vertelden de jongens, elkaar aanvullend, het verhaal over de brutale kerel met zijn enorme hond en vervolgens over de bijna verdronken jongen.

Tante Leen luisterde vol aandacht. Over de vent met zijn glimmende gezicht wist ze niets, maar Dick Brandt en zijn moeder bleek ze wel te kennen.

'Ze zitten 's zondags altijd een paar banken vóór ons in de kerk. Die vrouw zit bij mij op de vrouwenvereniging. Haar man is in een Duits concentratiekamp omgekomen. Ze moeten vroeger rijk zijn geweest, maar toen is er iets gebeurd... Nou ja, dat kan oom Kees jullie beter vertellen, vanavond. Ik moet nu gauw met het eten beginnen. Kunnen jullie aardappels schillen?'

'Als de besten,' verzekerde het drietal.

'Hm, tel in elk geval vooraf je vingers, en achteraf weer,' zei de boerin kritisch.

Even later zaten de jongens al piepers te jassen. Met het afsnijden van vingers bleek het erg mee te vallen. De dag verliep verder rustig en normaal. In de namiddag gingen de vrienden op de fiets naar het riviertje om daar te zwemmen. Van Dick zagen ze geen spoor. Die had zijn zwembroek trouwens nog niet terug.

's Avonds na het melken, toen ze de bewoners van de 'dierentuin' hadden verzorgd, zaten ze samen gezellig in het tuinhuis. De jongens vertelden nog eens hun verhaal. Oom Kees schudde zijn hoofd. 'Die brutale gladjanus kan ik niet thuisbrengen, maar wat er met mevrouw Brandt en haar zoontje aan de hand is, snap ik wel zo ongeveer. Het is eigenlijk een triest verhaal.

Ze hebben vroeger in de stad gewoond, toen haar man nog leefde. Daar hadden ze een goedlopende juwelierszaak. In de bezettingstijd hebben ze Joodse onderduikers verborgen en meneer Brandt heeft daarnaast ook allerlei verzetswerk gedaan. Voor een deel gebeurde dat in dit dorp, want hier hadden ze hun tweede woning, waar ze vaak naartoe kwamen als ze de drukke stad wilden ontvluchten om even uit te rusten. Dat is het huis waar mevrouw Brandt nu woont.

Hoe het allemaal precies is gegaan weet ik niet, maar op een bepaald moment, terwijl zijn vrouw met de baby bij haar ouders logeerde, is Brandt door de Duitsers gepakt. Hij heeft het op de een of andere manier zien aankomen, want vlak voor zijn arrestatie heeft hij zijn winkel leeggehaald en al zijn geld en kostbaarheden ergens verborgen. De Duitsers, die de hele boel in beslag wilden nemen, hebben overal gezocht, maar niets gevonden. Brandt hebben ze meegenomen en al snel doorgestuurd naar Duitsland. Zijn vrouw heeft geen contact meer met hem gehad en de kostbaarheden zijn nooit meer teruggevonden. De verzekering schijnt niets te hebben uitgekeerd, omdat de zaken niet gestolen, maar door de eigenaar zelf verstopt zijn. De weduwe was dus niet alleen haar man, maar ook haar geld en de zaak kwijt.

Het huis hier in het dorp hield ze nog over. Daar is ze toen met haar kind gaan wonen. De jongen lijkt uiterlijk en vooral innerlijk op zijn vader, die een echte durfal was. Zijn moeder heeft hem wel wat verwend. Dit kind is nog het enige wat ze heeft. Ze is overdreven bezorgd, heb ik gehoord. Altijd is ze bang dat hem iets zal overkomen. Maar nu de jongen wat ouder wordt, wil hij niet langer als een kleuter worden behandeld. Als je weet wat die vrouw heeft meegemaakt, kun je haar gedrag wel begrijpen, maar toch..., ik ben bang dat het fout loopt...'

Het verhaal had de jongens wel geraakt. Ze hadden eigenlijk medelijden met Dick en met zijn moeder en zouden graag willen helpen. Maar hoe? In elk geval zouden ze morgen de zwembroek en de handdoek moeten terugbrengen.

Het was die avond al vrij laat toen ze naar bed gingen. Snuf kreeg weer zijn slaapplek in het stro in de grote schuur. De jongens hadden samen een ruime slaapkamer waar drie eenpersoonsbedden waren neergezet. In het donker bad Tom zacht voor hij ging slapen. Hij dankte voor al het goede wat hij deze dag had ontvangen. Hij aarzelde even en vroeg toen of de Here ook wilde zorgen voor Dick Brandt, die zijn vader nauwelijks had gekend en vandaag bijna was verdronken, en voor zijn moeder, die het zo moeilijk had. Toen viel hij in een diepe, droomloze slaap.

3
Een onaangename ontmoeting

De volgende dag was het opnieuw warm zomerweer, net als de voor-afgaande dagen. De drie jongens deden eerst wat kleine klusjes in en om de boerderij. Toen ze daarmee klaar waren duurde het nog ruim een uur voor ze zouden gaan koffiedrinken.

'Laten we eens bij die camping gaan kijken,' stelde Karel voor. 'We zijn er nog helemaal niet geweest.'

Dat was waar. Ze waren er wel een paar keer vlak langs gefietst, als ze naar hun zwemplek gingen, maar aan de camping zelf hadden ze nog geen bezoek gebracht. Ze gingen vrolijk op stap, eerst een stukje langs de veldweg die naar de boerderij liep, toen dwars over de hoofdweg en vervolgens over een verharde landweg door het bos, waar heel veel zomerhuisjes waren gebouwd.

Nog wat verderop, in een heuvelachtig gebied waar bos en wei elkaar afwisselden, begon de camping. Er stonden hier grote en kleine cara-vans, terwijl op een apart gedeelte tenten waren opgesteld. Overal waren vakantiegangers aan het spelen of zonnebaden. Niemand besteedde veel aandacht aan de jongens. De prachtige herdershond die hen vergezelde trok wat meer bekijks.

Er waren een paar kleinere honden in de buurt die kwispelstaartend of keffend om Snuf heen sprongen, maar het dier liet zich niet verlei-den zijn baas in de steek te laten.

Ze waren nu vlak bij de achteruitgang van de camping. Bos en strui-ken waren hier dichter. Hier begon Snuf opeens wat vreemd te doen. Hij stond stil, snoof de lucht op en begon zacht te grommen. Toen liep hij met stijve poten naar een zijpad dat zich tussen de braamstrui-ken en het eikenhakhout doorslingerde.

'Er is daar iets wat hem niet bevalt,' zei Tom zacht tegen zijn vrienden.

'Daar staat geen caravan meer,' meende Karel. Vlak daarna klonk uit het dichte hout een woest geblaf. Snuf was niet meer te zien, maar dit geluid... Ze herkenden het alle drie en begonnen tegelijk te rennen.

Toen ze de bocht van het pad omsloegen ontdekten ze tot hun verbazing dat daar wel degelijk een caravan stond, verborgen tussen de bomen, zodat je er echt naar moest zoeken om hem te vinden. De wagen was gesloten en er scheen niemand in te zijn. Maar de woeste zwarte hond die ze de vorige dag al hadden gezien was er met een meterslang touw aan vastgebonden, zodat niemand dicht in de buurt zou komen. Het beest was razend van woede en probeerde uit alle macht los te breken om zich op Snuf te storten, die net buiten zijn bereik stond en duidelijk zin had om de uitdaging van zijn vijand aan te nemen.

'Koest, Snuf!' riep Tom hard. Het was nog net op tijd om een gevecht te voorkomen. Snuf gehoorzaamde, al bleef hij met felle ogen naar Nero kijken, die nog steeds wild tekeerging.

'Laten we maar gauw weggaan,' riep Bertus boven het woedende geblaf uit.

'Dat is jullie geraden! Ik houd niet van pottenkijkers!' zei een harde stem vlak achter hen. Toen ze verschrikt achterom keken, zagen ze de baas van Nero staan. Hij was blijkbaar ergens in de buurt geweest en door het blaffen van zijn hond gealarmeerd.

De jongens waren een moment uit het veld geslagen en wat verlegen. Het leek inderdaad net alsof ze hier stonden te gluren.

'Nou, komt er nog wat van? Ga weg! Als ik Nero losmaak, verscheurt hij eerst die schoothond en daarna zijn jullie aan de beurt!'

Tom haalde met een minachtend gezicht zijn schouders op. 'Kom jongens, we gaan. Het bevalt me hier niet. De baas blaft nog harder dan zijn hond.'

Hij draaide zich om en liep weg, terwijl hij Snuf aan zijn halsband meetrok. Hij werd op de voet gevolgd door zijn vrienden.

'Dat was een goed antwoord,' zei Karel waarderend.

'Nou ja, die vent vroeg erom,' vond Tom, die zich vanbinnen bijna een beetje schaamde voor zijn brutale opmerking.

Druk pratend liepen ze naar huis. Het was hun nu wel duidelijk hoe het kwam dat oom Kees en tante Leen de kerel niet kenden. Hij was geen inwoner van het dorp, maar een vakantieganger. Maar waarom had hij zijn wagen op zo'n verborgen plekje neergezet en wilde hij niet dat er iemand bij hem in de buurt kwam? Het leek er veel op dat die vent iets verdachts uitspookte. Door zijn ruwe optreden had hij het omgekeerde bereikt van wat hij wilde. De nieuwsgierigheid en het wantrouwen van de drie vrienden waren gewekt. Ze waren nu zeker van plan het ongure duo in de gaten te houden.

Onder het koffiedrinken vertelden ze wat er gebeurd was. Oom Kees zag er niet zoveel bijzonders in. 'Brutale en onvriendelijke mensen komen overal voor. Misschien zit die kerel wel het hele jaar onder de plak van een strenge baas en gebruikt hij zijn drie vrije weken om zich op zijn beurt nu eens uit te leven op anderen.'

Aan een twinkeling in zijn ogen zagen de jongens wel dat oom Kees een beetje de spot met de zaak dreef en hun wantrouwen niet erg serieus nam. Ze zwegen er verder over, maar het bleef in hun gedachten.

Na het middageten gingen ze op de fiets het dorp in, naar het huis van mevrouw Brandt. Eigenlijk zagen ze er een beetje tegenop, maar het moest toch gebeuren. Ze fietsten in een rustig tempo, zodat Snuf hen gemakkelijk bij kon houden.

Het kleine witte huis stond in een gezellige tuin en zag er erg leuk uit. Tom belde aan en een paar seconden later deed mevrouw Brandt de deur open. Ze keek verrast en nog voor ze het meegenomen pakje konden afgeven, nodigde ze hen uit binnen te komen.

In de huiskamer zat Dick lusteloos in een boek te bladeren. Hij fleurde een beetje op toen hij de jongens zag, maar toch bleef hij er wat sloom bij zitten. Snuf zorgde voor een snelle verandering. Hij herkende de jongen blijkbaar, liep kwispelstaartend op hem af en legde zijn voorpoten op Dicks knieën.

'Hij kent me!' riep Dick verrukt, terwijl hij de hond over de prachtige kop met de slimme ogen streelde.

Het ijs was nu helemaal gebroken. Dick en de bezoekers praatten druk, terwijl mevrouw Brandt thee inschonk. Ze bedankte de jongens uitbundig dat ze haar zoon hadden gered, maar Tom en zijn vrienden verzekerden haar dat Snuf de echte redder was.

Toen ze Dick de handdoek en de zwembroek teruggaven, werd het gezicht van Dicks moeder somber. 'Die zal Dikkie niet nodig hebben,' zei ze strak. 'Hij heeft die zwembroek stiekem van zijn zakgeld gekocht, maar hij weet best dat hij van mij niet mag zwemmen. Daarom heeft hij nu ook huisarrest. Door zijn eigen schuld is hij bijna verdronken.'

'Ik mag ook nooit wat,' mopperde Dick. 'Alle jongens van mijn klas kunnen zwemmen, en ik... Mijn moeder doet net of ik nog op de kleuterschool zit.'

Het kwam er verbitterd uit. De bezoekers schaamden zich een beetje dat het in hun bijzijn werd gezegd.

Dicks moeder werd eerst rood en toen bleek. 'Ik weet hoe onvoorzichtig je bent. Het is voor je eigen bestwil.'

Tom kreeg opeens een inval. 'Mevrouw, wij logeren een paar weken op het Eksternest bij boer Dijkman. Mag Dick een tijdje met ons optrekken? Hij kent vast de hele omgeving en wij zijn hier niet bekend. Mijn vrienden en ik zouden het leuk vinden en Snuf vindt hem ook erg aardig.'

Hij had het gezegd en hoopte nu maar dat Karel en Bertus het ermee eens zouden zijn. Gelukkig bleek dat het geval. Beiden knikten instemmend.

Dicks ogen begonnen opeens te stralen. 'Hè moeder, dat zou ik zo leuk vinden!'

Mevrouw Brandt had het er even moeilijk mee. Ze maakte een paar bezwaren, maar nu het eerste woord eenmaal was gezegd, pleitte Tom als een advocaat en zijn vrienden hielpen hem. Dicks moeder begreep wel dat ze een verzoek van het drietal, aan wie ze zoveel te danken had, eigenlijk niet kon weigeren. Ze stemde dan ook aarzelend toe, nadat de jongens beloofd hadden goed voor haar zoon te zullen zorgen. Het huisarrest werd ingetrokken.

Maar Tom was nog niet helemaal tevreden. Hij aarzelde even en waagde het er toen op.

'Mevrouw, mijn vrienden en ik zijn goede zwemmers en Snuf kan het nog beter dan wij drieën samen. Elke middag gaan we een poos zwemmen. Als wij... als wij Dick nu eens zwemles geven. Wij zullen héél goed op hem passen en zorgen dat hem niets overkomt...'

'Daar komt niets van in!' protesteerde mevrouw Brandt onmiddellijk.

Maar Tom hield vol. Hij verzekerde haar dat ze voor de zwemles een plek zouden uitzoeken die zó ondiep was, dat je er gewoonweg niet kon verdrinken.

Na de vakantie, als zij weer naar huis waren, zou Dick nog wat zwemles kunnen nemen in het zwembad en al heel gauw zijn A-diploma kunnen halen.

De jongens hadden dit keer echt al hun overtuigingskracht nodig om Dicks moeder zover te krijgen dat ze op het voorstel inging, maar het lukte toch.

Dick was heel blij. Hij vloog zijn moeder om de hals en fietste even later blij met zijn nieuwe vrienden naar een plek waar het riviertje heel ondiep was. Hij vertelde hun dat hij zijn eerste oefeningen op het droge had gedaan met behulp van een boekje dat hij stiekem uit de bibliotheek had gehaald. Gisteren dacht hij het nu wel eens in het riviertje te kunnen proberen, maar dat was behoorlijk tegengevallen...

Deze keer ging het heel wat beter. Geholpen, bewaakt en aangemoedigd door zijn drie zwemmeesters kreeg Dick al gauw de slag een beetje te pakken.

Ze oefenden niet al te lang deze eerste keer. Ze kleedden zich weer aan en reden naar het Eksternest, waar ze thee dronken en later de bewoners van de 'dierentuin' verzorgden.

Tegen het avondeten brachten ze samen Dick naar huis. Mevrouw Brandt kreeg een enthousiast en geruststellend verslag van Dicks vorderingen in de zwemkunst.

Met de belofte dat ze de volgende dag zouden terugkomen, vertrokken ze weer naar de boerderij.

4
Verborgen schatten

Voortaan was Dick Brandt elke dag in het gezelschap van zijn nieuwe vrienden te vinden. Tom, Karel en Bertus hadden zich eerst vooral uit medelijden met hem bemoeid, maar al heel snel merkten ze dat hun beschermeling een leuke, slimme jongen was waar ze echt plezier van hadden. Hij kende het dorp en de omgeving op zijn duimpje en bracht hen naar de mooiste plekjes, die ze anders nooit zouden hebben gevonden.

Dick kon ook heel goed knutselen en tekenen. In zijn smalle, tengere handen zat veel meer kracht en handigheid dan je zou vermoeden.

Toen Tom hem vroeg wat hij wilde worden, was het antwoord kort en beslist: 'Edelsmid!'

'Edelsmid? Wat is dat?' vroeg Tom verbaasd.

Dick bloosde een beetje, maar in zijn stem klonk toch geen verlegenheid.

'Nou, kijk... de mensen zeggen meestal goudsmid, maar het is eigenlijk edelsmid, want je moet ook zilver en allerlei andere metalen kunnen bewerken. Mijn vader en mijn grootvader waren ook edelsmid. Ze maakten de mooiste dingen, die ze voor veel geld konden verkopen. We hadden vroeger een heel mooie winkel in de stad...'

Dick zweeg plotseling en de jongens vroegen niet verder. Ze herinnerden zich dat oom Kees had verteld dat de familie Brandt bijna alles wat ze hadden bezeten waren kwijtgeraakt.

Nu Dick zichtbaar opfleurde, thuis veel blijer en gehoorzamer was en het uitstekend met zijn nieuwe vrienden kon vinden, moest mevrouw Brandt wel toegeven dat ze toch de goede beslissing had genomen. Zij begon te beseffen dat ze haar zoon een beetje te veel als een kasplantje had behandeld. Nu de jongens hem allemaal Dick noemden, liet zij zelf ook het kindernaampje Dikkie achterwege, tot grote tevredenheid van haar zoon.

Op een avond kwamen Tom en zijn vrienden samen met Snuf weer eens bij het gezellige kleine huisje aanlopen. Het was een erg warme dag geweest en er was nog iets van de lome hitte blijven hangen.

Mevrouw Brandt en Dick zaten in de vrij grote tuin achter het huisje. Dick haalde er meteen een paar tuinstoelen bij voor de bezoekers en zijn moeder schonk een paar grote glazen fris in. Ze was gul en gastvrij zoals altijd, maar toch leek het alsof ze ergens mee zat. Ook Dick scheen de stemming van zijn moeder aan te voelen en was minder spraakzaam dan gewoonlijk.

De drie jongens durfden niet te vragen wat er aan de hand was, maar ten slotte begon mevrouw Brandt er zelf over.

'Ik ben vanavond niet helemaal mezelf, jongens. Ik heb vandaag een ontmoeting gehad waarvan ik erg geschrokken ben en die allerlei nare dingen uit het verleden weer helder in mijn herinnering heeft gebracht.'

De jongens keken meelevend, maar wisten niet goed wat ze moesten zeggen.

'Het is misschien wel goed dat ik jullie alles vertel,' ging mevrouw Brandt verder. 'Ik moet er gewoon met een paar mensen over praten. Dick weet er wel wat van. Jullie hebben hem geholpen, en eigenlijk mij ook, want ik geloof wel dat ik hem een beetje te veel heb bemoederd.'

'Dick heeft ons ook erg geholpen, mevrouw,' zei Karel spontaan. 'Hij heeft ons heel veel laten zien en we hebben samen veel plezier.'

'Des te beter. Wat ik jullie nu ga vertellen is nogal verdrietig. Het begin ligt in de bezettingstijd.

Mijn man en ik zijn kort voor de oorlog getrouwd. Ik was toen nog erg jong, maar mijn verloofde was ouder en veel wijzer dan ik. Hij had een goedlopende juwelierszaak die al drie generaties in de familie zat. Hij wist alles van edelstenen en kon de mooiste dingen maken. Hij verdiende goed en wilde graag trouwen, dus wachtten we niet lang. We waren erg gelukkig, en dat geluk werd nog groter toen Dikkie... ik bedoel, Dick... werd geboren.

Heel kort daarna vielen de legers van Hitler ons land binnen. Het land werd bezet.

Mijn man was moedig en spontaan, een goed christen en trouw aan zijn vaderland. Het duurde niet lang of hij was bij allerlei verzetswerk betrokken. Eerst ging het vooral om voorlichting, verspreiding van papieren en krantjes, waarschuwingen tegen Duitse plannen met de kerken, met het christelijk onderwijs, met de jeugd, enzovoort. Later kwamen daar steeds meer en steeds gevaarlijker dingen bij: hulp aan piloten, aan onderduikers en echt sabotagewerk.

Mijn man scheen geen angst te kennen. Tenminste... zo leek het. Ik wist wel beter. Hij was echt wel eens bang en bezorgd, maar hij schudde de angst van zich af, omdat de dingen die hij deed nu eenmaal moesten gebeuren.

Ik ben hem in die tijd misschien meer tot last dan tot steun geweest. Ik was nog erg jong en kon de spanningen eigenlijk niet aan, al deed ik mijn best om dat niet te laten merken.

Achter onze zaak in de stad was een werkplaats waar mijn man zijn smederij had gevestigd. Toen de bezetting een paar jaar had geduurd, was er voor ons niet zo veel meer te doen. De meeste mensen hadden hun geld wel voor andere dingen nodig. Wij hebben dat gedeelte toen ingericht als onderduikplaats voor een Joods gezin.

Zelf heb ik daaraan meegeholpen en die mensen ook verzorgd, maar ik stond er soms doodsangsten bij uit.

Dit huis, waar Dick en ik nu wonen, was toen ons tweede huis, maar mijn man maakte het tot centrum van de verzetsgroep die hij had opgericht. Ons huis in de stad vond hij daarvoor niet geschikt, vanwege die Joodse onderduikers.

Al gauw vertelde hij mij niet meer alles wat hij deed, want hij merkte wel hoe bang en gespannen ik was. Maar die onwetendheid maakte het voor mij bijna nog erger.

Op een dag, het was in 1943, wilde hij dat ik een paar weken met kleine Dick bij mijn ouders zou gaan logeren, die zo'n honderd kilometer verderop op het platteland woonden. Dan kon ik eens helemaal tot rust komen. In de zaak was toch weinig te doen en voor de onderduikers zou hij in de tussentijd zelf wel zorgen.

Achteraf geloof ik dat mijn man op de een of andere manier heeft geweten dat er van Duitse kant iets dreigde en dat hij daarom mij en Dick uit de gevarenzone wilde hebben. Toen, in 1943, was ik me daar niet van bewust. Ik stribbelde wel tegen, want ik hield veel van mijn man en ik wilde graag bij hem blijven, maar toen ik ten slotte toegaf en met Dick naar mijn ouders vertrok, had ik toch ook een gevoel van opluchting, omdat het in mijn ouderlijk huis zo heerlijk rustig was.'

Mevrouw Brandt stopte even om nog wat fris voor de jongens in te schenken, en ook omdat ze moest vechten tegen haar tranen. Toen ze haar stem weer in bedwang had ging ze verder.

'In de tijd dat ik weg was, is het gebeurd. Mijn man moet een aanwijzing hebben gekregen dat er een inval dreigde in ons huis in de stad en dat de Duitsers op de hoogte waren van zijn activiteiten. Hij heeft toen snel het Joodse gezin ergens anders ondergebracht. Die mensen zijn gelukkig ontkomen. Ze leven nog en wonen nu in Israël.

Vervolgens heeft hij bijna de hele voorraad van de winkel en het magazijn ingepakt en weggebracht. Ons geld en de kostbaarste dingen van ons persoonlijk bezit zaten er ook bij. Hij heeft het allemaal ergens veilig opgeborgen – vermoedelijk hier in het dorp – omdat hij er zeker van was dat de vijand anders alles in beslag zou nemen.

Hij moet van plan zijn geweest ook zelf onder te duiken, maar hij is nog een keer teruggegaan om een paar laatste bezittingen uit ons huis te halen.

Dat werd zijn ongeluk. De geheime politie had inmiddels een inval gedaan. Toen ze de winkel en de woning leeg vonden hebben ze er een paar kerels achtergelaten die mijn man overvielen toen hij binnenkwam.

Hij is in de cel gegooid en telkens zwaar verhoord, waarbij de kerels van de Gestapo – zo heette de Duitse geheime staatspolitie – hem hebben geslagen en mishandeld. Ze wilden dat hij namen en schuilplaatsen zou verraden, maar hij heeft niets losgelaten.

Na een dag of tien werd hij doorgestuurd naar een concentratiekamp in Duitsland, als N.N.-gevangene. Zulke gevangenen mochten nooit naar huis schrijven en ook geen post ontvangen. Hun familie wist zelfs niet waar ze zaten. Alleen als ze stierven kregen de naaste bloedverwanten daarvan bericht. Het lichaam was dan intussen al verbrand in het crematorium dat je bij elk concentratiekamp had.

Toen ik bericht kreeg van de arrestatie ben ik meteen naar de stad gegaan. Kleine Dick bleef bij mijn ouders.

Ik kwam te laat en heb mijn man niet meer gezien. Een half jaar later kreeg ik bericht dat hij in het kamp was gestorven.'

Mevrouw Brandt had de laatste woorden met moeite uitgebracht, vechtend tegen haar tranen. Ook Dick, die het verhaal vast al eerder had gehoord wreef in zijn ogen.

Tom en zijn vrienden hadden aandachtig geluisterd en waren diep onder de indruk, maar ze begrepen nog steeds niet goed waarom Dicks moeder dit allemaal aan hen vertelde en welk verband er was met wat ze vandaag had beleefd.

Na een ogenblik ging mevrouw Brandt verder.

'De eerste maanden na mijn terugkomst in de stad ben ik daar gebleven, in de hoop dat ik toch nog iets van mijn man zou horen. De winkel was natuurlijk gesloten. Alles was tenslotte weg. Al mijn pogingen om erachter te komen waar mijn man de kostbaarheden had verborgen waren vruchteloos.

Toen kreeg ik op een dag bezoek van een man die ik van horen zeggen wel kende, maar nog nooit had gesproken.

Het was Lubbert Doerakker, een scharrelaar met een vrij slechte naam. Iedereen noemde hem Gladakker, omdat het een onbetrouwbare gladjanus was, en ook vanwege zijn glimmende kop. In die tijd verdiende hij de kost, en nog wel wat meer, met zwarte handel. Hij was tegen de lamp gelopen, gearresteerd en na een paar weken weer vrijgelaten.

Deze vent bleek een tijdje bij mijn man in de cel te hebben gezeten, net de laatste week voor hij – mijn man bedoel ik – op transport gesteld werd naar Duitsland.

Zo heb ik toch nog een paar dingen gehoord die ik anders nooit zou hebben geweten.

Doerakker had een boodschap voor mij meegekregen. Mijn man had vast liever iemand anders gestuurd, maar hij had geen keus. Hij wist dat hij naar een vernietigingskamp zou gaan, terwijl Doerakker na een paar weken weer vrij zou zijn.

In de mondeling overgebrachte boodschap bedankte mijn man mij voor al de liefde die ik hem had gegeven. Hij zei dat God alle angst voor de dood van hem had weggenomen en vroeg mij, om ons kind christelijk op te voeden.

Wat ons geld en de kostbaarheden betreft, die waren veilig verborgen. Leonard zou mij precies kunnen vertellen waar alles te vinden was.

Dat was de boodschap die Doerakker mij overbracht. Ik wist dadelijk wie er met 'Leonard' werd bedoeld. Het was de schuilnaam van een heel dapper en betrouwbare verzetsstrijder, die in de verzetsgroep van mijn man zat. Hij was ongetrouwd en woonde hier in het dorp. Zijn werkelijke naam was Arend Visscher. Mijn man kon heel goed met hem opschieten.

Al die dingen wist lange Lubbert – zo werd hij ook vaak genoemd – natuurlijk niet en ik was wel zo wijs hem niet te vertellen wie Leonard was.

Toch probeerde hij juist dat met alle geweld te weten te komen. Hij vertelde mij dat ook hij heel erg tegen de Duitsers was en daarom in de zwarte handel was gegaan. Nu mijn man gevangen zat wilde hij mij graag van dienst zijn. Hij bood zelfs aan samen met mij naar Leonard te gaan.

Nu was ik wel jong en onervaren, maar daar trapte ik toch niet in. Ik ging die kerel zelfs hoe langer hoe meer wantrouwen, al moest ik natuurlijk dankbaar zijn voor de berichten die hij me had overgebracht. Ik bedankte hem zo goed mogelijk, zei dat ik geen verdere hulp nodig had en werkte hem de deur uit.

De volgende dagen zag ik hem verschillende keren in de buurt rondscharrelen. Ik kreeg de indruk dat hij mij in de gaten hield om er zo misschien achter te komen wie Leonard was. Daarom durfde ik geen bezoek aan dit dorp te brengen om Arend Visscher te spreken.

Toen kwam de tweede klap. Leonard werd aangehouden, terwijl hij in het bezit was van een grote partij bonkaarten en vervalste persoonsbewijzen, die voor onderduikers bestemd waren. Hij probeerde te vluchten, werd neergeschoten en stierf op weg naar het ziekenhuis. Het geheim van de verborgen kostbaarheden nam hij mee in het graf. Een klein halfjaar later kreeg ik het bericht dat ook mijn man was overleden.

Ik heb toen een verschrikkelijke tijd doorgemaakt. Een poos heb ik met mijn zoontje bij mijn ouders gewoond. Ondertussen werden de financiële zaken afgewikkeld.

De verzekering betaalde niets uit, want de hele winkelvoorraad en al onze kostbaarheden waren niet gestolen. De verzekerde had ze zelf verborgen. Maar onze leveranciers eisten hun geld.

Het eind van het liedje was, dat ons huis in de stad en al onze andere bezittingen, met uitzondering van deze woning, werden verkocht om de schulden af te betalen.

Ik ben toen hier gaan wonen. Dit huis herinnerde mij aan de gelukkige dagen die ik hier met mijn man heb doorgebracht. Ik had ook nog de vage hoop dat hier misschien de geheime bergplaats was. Ik heb alles meerdere keren doorzocht, maar er was niets te vinden. Toch ben ik ervan overtuigd dat het ergens in dit dorp moet zijn. Dit was het werkgebied van mijn man en van Leonard. Maar ik ben er niet achtergekomen.

Voor mijzelf vind ik het niet zo erg. Ik heb nu een uitkering als weduwe van een verzetsstrijder. Met wat ik bijverdien – ik doe halve dagen administratief werk voor een zaak hier in het dorp – hebben we genoeg om behoorlijk rond te komen. Maar voor Dick is het wel erg jammer. Ik had hem zo graag later de mooie zaak gegund die zijn vader, zijn opa en zelfs zijn overgrootvader al hadden. Hij wil zelf ook edelsmid worden, maar zonder kapitaal kun je geen dure winkel opzetten.'

'Moeder, dat kan ik heus wel. Als ik eerst maar een heel goede vakman ben, dan komt de rest ook wel!' zei Dick spontaan, terwijl hij dichter naar zijn moeder schoof.

Mevrouw Brandt drukte hem glimlachend tegen zich aan en streelde zijn witblonde haren.

'Ik hoop dat je gelijk hebt, jongen. Maar nu nog iets over lange Lubbert. Dat hij zijn bijnaam Gladakker niet voor niets had gekregen, bleek wel in de bezettingsjaren. Hij bleef na zijn vrijlating zwarte handel drijven, maar nu alleen met Duitsers. De Duitse soldaten konden van alles gebruiken en betaalden goed. En iemand die op goede voet stond met de Wehrmacht had van de politie en justitie geen last.

Toen de invasie van de geallieerden kwam en duidelijk werd dat Hitler de oorlog ging verliezen, veranderde lange Lubbert de gladakker van tactiek. Hij zocht in het geheim contact met verzetsmensen, steunde hen met geld (hij had genoeg verdiend) en gaf hun soms nuttige tips over wat hij van zijn Duitse vrienden had gehoord. Zo had hij toen twee ijzers in het vuur.

Bij de bevrijding heeft hij daar zijn voordeel mee gedaan. Hij werd wel opgepakt en in een kamp gestopt als moffenvriend, maar een paar mensen deden een goed woordje voor hem en vertelden van de hulp die ze van hem hadden gekregen. Zo kwam hij al na enkele dagen op vrije voeten.

Vanaf toen liep hij rond alsof hij zo ongeveer de redder van het vaderland was.

Een half jaar na de bevrijding kwam hij mij opzoeken. Hij had blijkbaar uitgezocht dat Leonard dezelfde was als de gesneuvelde verzetsman Arend Visscher. Want dat was toen geen geheim meer. Hij had begrepen dat ik de verborgen schat nog steeds niet had teruggevonden en was vol medelijden. Hij bood opnieuw zijn hulp aan bij het zoeken en wilde vooral graag weten of mijn man zich voor zijn gevangenneming nooit had uitgelaten over geheime schuilplaatsen of zo. Maar ik vertrouwde hem nog steeds niet. Ik was ervan overtuigd dat hij alleen maar probeerde zelf de kostbaarheden te vinden en ze te stelen. Ik heb hem dan ook ronduit gezegd dat ik zijn hulp niet nodig had.

Hij deed erg verontwaardigd en zei verschrikkelijke dingen, maar hij ging toch weg en ik dacht dat ik nu wel van hem af was.

Korte tijd later hoorde ik dat hij naar een ander deel van het land was verhuisd. Er waren in de stad nog te veel mensen die zijn verleden kenden en hem uitlachten als hij probeerde op te scheppen over zijn heldendaden in de Duitse tijd. Daarom verdween hij liever uit de buurt.

Dat was dus allemaal voorgoed voorbij, dacht ik. Maar vanmiddag, toen ik even een paar boodschappen ging doen, zag ik Lubbert Doerakker opeens trots als een pauw in het dorp rondlopen. Hij had een monster van een hond bij zich en grijnsde brutaal toen hij mij zag.'

Tom en zijn vrienden slaakten een kreet van verrassing.

'Een lange kerel met een breed, glimmend gezicht, zwarte ogen die te dicht bij elkaar staan, en een heel grote hond?' vroeg Tom opgewonden. 'Dan hebben wij hem al twee keer gezien! Hij staat met een caravan op het kampeerterrein en hij deed heel gemeen tegen ons en tegen Snuf!'

Met z'n drieën beschreven ze de man nog wat meer. Al snel was er geen twijfel meer mogelijk: de onaangename kerel waar ze al twee keer moeilijkheden mee hadden gehad, was dezelfde als lange Lubbert waar mevrouw Brandt over had verteld.

'Het is een slechte man, dat hebben we zelf ook al gemerkt!' zei Bertus.

'Nu, dan begrijpen jullie ook dat ik bang voor hem ben. Ik vraag me af wat hij hier nu weer komt zoeken.'

'De schat natuurlijk!' riepen de jongens tegelijk.

'Dat vermoed ik ook. Maar dat heeft alleen zin als hij nieuwe aanwijzingen heeft. Ik zou niet weten...'

'Dat gaan wij uitzoeken! Wij hebben met die lange Lubbert toch nog een appeltje te schillen,' riep Tom spontaan. Zijn vrienden knikten enthousiast. Het avontuur lachte hen toe, al wisten ze nog geen van allen, hoe dit 'appeltje' dan wel geschild moest worden.

Het was nu al laat in de avond. In de tuin was nog iets van de zonnewarmte blijven hangen, maar het was al helemaal donker geworden en de sterren blonken aan de hoge hemel.

Het was hoog tijd dat ze naar huis gingen. Ze groetten hun gastvrouw en beloofden nog eens dat ze lange Lubbert goed in de gaten zouden houden en misschien wel achter het geheim van de schat zouden komen.

Mevrouw Brandt was helemaal niet zo blij met die belofte. Ze drukte de jongens op het hart toch vooral voorzichtig te zijn en goed te bedenken dat ze met een gevaarlijke tegenstander te maken hadden.

Dat wilden Tom en zijn vrienden wel beloven, maar erg gerust was Dicks moeder nog steeds niet. Ook niet toen ze verklaarden dat ze Dick in elk geval buiten deze zaak zouden houden. Een verklaring die trouwens een verontwaardigd protest van haar zoon uitlokte.

Het leek maar beter er voorlopig niet verder met moeder en zoon over te praten. Ze namen vlug afscheid en gingen meteen op weg naar de boerderij.

Op de weg buiten het dorp was het eenzaam en donker. De wind fluisterde geheimzinnig met de bladeren van de bomen aan weerszijden van de weg.

De jongens gingen onwillekeurig zachter praten. Ze hadden het gevoel dat achter een van die bomen lange Lubbert en zijn hond best op de loer konden liggen. Ze waren blij dat Snuf bij hen was en haalden opgelucht adem toen ze het erf van het Eksternest bereikten.

5
In de nesten

De volgende dagen merkten de drie vrienden wel dat het meestal veel gemakkelijker is een goed voornemen te hebben dan het uit te voeren. Hun dagelijkse bezigheden, zoals het verzorgen van de dieren, eieren van de kippen rapen, boodschappen doen voor tante Leen en in de namiddag zwemmen, wilden ze niet opgeven. Toch moesten ze ook tijd vinden om lange Lubbert Gladakker te bespioneren.

Na de hooioogst waren ze eraan gewend geraakt 's morgens wat langer te slapen. Om overdag meer tijd te hebben, gingen ze nu weer vroeger opstaan. Aan oom Kees en tante Leen vertelden ze dat ze wat meer wilden wandelen en fietsen, maar wat het echte doel van deze tochten was, vertelden ze er niet bij.

Het bleek niet zo erg moeilijk de gangen van lange Lubbert, tenminste voor een deel, na te gaan. Ze ontmoetten hem vaak genoeg in het dorp, soms met Nero bij zich, maar vaker alleen. De jongens probeerden dan net te doen alsof ze helemaal geen aandacht aan hem besteedden, maar Lubbert maakte het hun niet gemakkelijk. Hij had meestal wel een spottende opmerking over Snuf, die op zijn beurt duidelijk liet merken dat hij een hekel aan de kerel had.

Op een dag gebeurde het dat Dick bij hen was toen ze plotseling op een straathoek hun tegenstander bijna tegen het lijf liepen. Lubbert had al een paar honende woorden op zijn lippen, maar hij hield ze voor zich, want opeens herkende hij Dick. Hij verschoot een beetje van kleur, mompelde iets onverstaanbaars en liep hen vlug voorbij.

Vanaf dat moment veranderde zijn houding. Er waren voortaan geen spottende begroetingen meer, alleen nog maar blikken vol haat en wantrouwen.

Enigszins tot hun verbazing merkten Tom en zijn vrienden dat de onaangename kerel zich ook heel anders kon voordoen, als hem dat uitkwam. Ze zagen hem soms met dorpsbewoners praten, waarbij zijn glimmende gezicht straalde van stroperige vriendelijkheid. Hij scheen dan iets te vragen of een afspraak te maken. Meestal haalde hij daarbij een gouden sigarettenkoker tevoorschijn om zijn gespreks- partner royaal een sigaret aan te bieden. Zo'n gul gebaar van de rijke stadsmeneer scheen vaak wel indruk te maken.

De jongens hadden erg graag willen weten wat 'meneer Doerakker' aan de mensen vroeg en wat ze hem vertelden, maar ze durfden het niet te vragen. En toch begrepen ze wel dat daarin vermoedelijk het antwoord lag op de vraag wat hij hier zo plotseling kwam uitspoken.

Dick zat thuis op zijn kamertje met zijn handen onder zijn hoofd en zijn ellebogen op de tafel te piekeren. Het was een uur of tien 's mor- gens. Zijn moeder was naar de zaak waar ze halve dagen werkte aan de boekhouding. Hij was helemaal alleen. Het was nog steeds vakan- tie, maar vandaag genoot hij er niet van en tegelijk schaamde hij zich over zijn ontevreden stemming.

Eigenlijk waren er veel dingen waar hij blij en dankbaar voor moest zijn. Hij had drie echte vrienden gekregen. Zelfs vier, want Snuf hoorde er ook bij. Zijn moeder behandelde hem niet meer als een kleuter. Ze had gelukkig groot vertrouwen in Tom, Bertus en Karel. Hij had al een beetje leren zwemmen en was ook op de boerderij bijna kind aan huis. Het echtpaar Dijkman was ook voor hem al 'oom Kees en tante Leen' geworden. En toch was er iets wat hem dwarszat, vooral vandaag. Zijn vrienden probeerden de gangen van Lubbert Gladakker na te gaan om zo achter het geheim te komen. Dick wilde graag volop meedoen, maar dat wilden zijn vrienden juist niet. Ze hadden gemerkt dat Lubbert Dick wel degelijk kende en dat hij argwaan had gekregen toen hij de jongen in hun gezelschap had gezien. Dicks moeder wist niets van dit voorval, maar Tom en zijn vrienden herinnerden zich dat ze mevrouw Brandt beloofd hadden haar zoon buiten deze zaak te houden.

Gisteravond hadden de drie jongens hem verteld dat ze hem vandaag niet zouden komen halen. Ze wilden eens serieus met 'de zaak lange Lubbert' aan de slag. Het speet hun echt, maar hij zou zich één dag alleen moeten vermaken.

Alle protesten van Dick hadden niets geholpen en nu zat hij hier dus alleen thuis. Tegen zijn moeder had hij er niet over gerept: die zou de jongens vast en zeker gelijk geven. Maar het was niet eerlijk, want het ging tenslotte om het geheim van zíjn vader!

Toen kwam er een gedachte bij hem boven. Waarom zou hij niet alleen op onderzoek uitgaan! Dat mocht. En als hij dan eens wat ontdekte... Tenslotte kende hij alles en iedereen in het dorp veel beter dan Tom, Karel en Bertus samen.

Spontaan als altijd schudde hij elke aarzeling van zich af. Hij kreeg een nieuwe inval en liep naar de woonkamer. Daar opende hij een kast en haalde er een verrekijker uit die van zijn vader was geweest. Gewapend met de verrekijker ging hij de deur uit, het avontuur tegemoet.

Dick voelde zich een echte detective toen hij door het dorp liep. Als hij lange Lubbert nu tegenkwam zou hij...

Ja, wat zou hij dan doen? Het drong tot hem door dat hij eigenlijk nog geen plan had gemaakt. Nou ja, er zou hem dan vast wel wat te binnen schieten.

Maar wie hij ook zag, Doerakker was er niet bij.

Dan maar eens naar het hol van de leeuw, naar de camping, om te zien of de kerel in zijn caravan was.

Al gauw was Dick buiten het dorp. Hij kwam vrij dicht langs de boerderij van oom Kees en keek een paar keer wat schichtig die kant uit. Er was niemand te zien. In zijn hart was hij daar blij om. Deze keer wilde hij zijn eigen gang gaan.

Toen hij de camping bereikte begon hij een beetje te drentelen, net alsof hij zonder een speciaal doel hier rondneusde. Langzaamaan kwam hij dichter bij de plek waar de caravan stond. Zijn hart begon toch wat sneller te kloppen. Als Nero nu eens los was...

Aarzelend ging hij de laatste bocht om. Gelukkig: Nero was nergens te zien! De caravan zat dicht. Uit alles bleek dat ook lange Lubbert er niet was.

Dick liep een paar keer om de caravan heen. De deur zat op slot en de gordijnen voor de ramen zaten dicht. Lubbert hield niet van pottenkijkers.

Hij keek nog eens rond en kreeg een inval. Voor dat ene bovenraam van de caravan zat geen gordijn. Als hij nu eens in de hoge spar klom die op een paar meter afstand stond, dan zou hij toch naar binnen kunnen kijken.

Het was een 'makkelijke' boom: de horizontaal uitstaande takken kwamen tot vlak bij de grond. Zonder moeite klom Dick naar boven. De dichte naalden prikten wel, maar dat was niet erg.

Nu eens kijken... Nee, nog een beetje hoger. Zo, nu kon hij precies door de bovenste ruit kijken.

Het viel een beetje tegen. Hij zag een smalle tafel, een paar stoelen, een aanrecht en nog een paar andere dingen, maar niets geheimzinnigs. Wat had hij eigenlijk verwacht?

Kom, hij zou maar weer...

Voetstappen, die naderden. Het blaffen van een hond. Een stem die hij kende!

'Koest, Nero. Afblijven, lelijke rotzak!'

Trillend van schrik hield Dick zich vast aan de stam van de grote spar. Doerakker en Nero waren al vlakbij. De eerste hield een tas in zijn hand, waar blijkbaar iets inzat waar Nero veel trek in had.

Het was voor Dick al te laat om nog te ontsnappen. Hij kon zich alleen maar doodstil houden en hopen dat het edele tweetal hem niet in de gaten zou krijgen.

Lubbert haalde een sleutel tevoorschijn en opende de deur van de caravan. Nero was nog vóór de baas binnen terwijl hij voortdurend opgewonden blafte. De deur ging dicht. Dick durfde weer adem te halen. Misschien kreeg hij toch nog een kans om te ontsnappen.

Een moment later verdween die opluchting. Doerakker schoof alle gordijntjes open om meer licht te hebben. Dick zag het gezicht van de kerel zo duidelijk en dichtbij dat hij eventjes zijn ogen dichtdeed omdat hij bang was dat de kerel hem zou ontdekken.

Toen hij door een kiertje van zijn oogleden gluurde zag hij dat Lubbert bij het raam vandaan liep, een grote kom uit de kast haalde en daar een portie hondenbrood in deed, waar Nero gulzig op aanviel.

Dick zag nog steeds geen kans om ongezien te ontsnappen. Als hij naar beneden zou klimmen zou Lubbert tien tegen een het plotselinge schudden van de takken en het bewegen van zijn lichaam opmerken. Voordat hij de grond bereikte, zouden de man en de hond al bij hem zijn.

Hij bleef dus doodstil zitten, toch een heel klein beetje bemoedigd door het feit dat Doerakker hem niet had ontdekt.

In de caravan gebeurden dingen die zijn aandacht trokken. Uit zijn binnenzak haalde Lubbert een slordig vies opschrijfboekje dat hij op de lange tafel legde. Ergens uit een la kwam een groot opgevouwen papier tevoorschijn. Hij vouwde het open en legde het voor zich neer. Dick zag onmiddellijk wat het was: een grote toeristische fiets- en wandelkaart van het dorp en de naaste omgeving.

Op die kaart waren hier en daar met een pen kruisjes en soms ook letters en cijfers gezet.

De toeschouwer in de boom kreeg het idee dat er met die kaart iets bijzonders aan de hand was, al had hij geen vermoeden wat het eigenlijk was.

Lubbert bekeek nu zijn opschrijfboekje en maakte telkens nieuwe aantekeningen op de kaart.

Heel voorzichtig nam Dick de verrekijker die om zijn nek bengelde, bracht hem naar zijn ogen en stelde hem zo scherp mogelijk.

Het resultaat was verrassend. Het leek wel alsof hij over de schouder van Lubbert Doerakker hing. Hij kon zelfs de meeste straatnamen op de plattegrond van het dorp lezen.

In de straat waar Dick en zijn moeder woonden stond een kruisje op de plek waar hun huis ongeveer moest staan.

Terwijl Lubbert nieuwe tekens op de kaart schreef, deed Dick zijn uiterste best alle kruisjes, onderstrepingen en verdere aanwijzingen in zich op te nemen. Hij had het sterke gevoel, dat dit later nog wel van pas zou komen.

Helaas kon hij de aantekeningen in het notitieboekje niet lezen. Als hij ver naar voren boog zou het heel misschien lukken, maar de kans was veel te groot dat Lubbert hem dan zou ontdekken. Hij bleef dus doodstil zitten kijken, terwijl de man in de caravan zijn werk afmaakte.

Na enige tijd klapte Lubbert het boekje dicht. Hij stak het in zijn zak, vouwde de kaart op en legde die weer in de la.

Nero had zijn bak leeggegeten en eiste grommend nog meer, maar zijn meester lachte kwaadaardig.

'Je krijgt niet meer! Van veel eten word je dik en suf. Jij moet hongerig en waakzaam blijven!'

De stem van de kerel was voor Dick duidelijk verstaanbaar.

De hond was het blijkbaar niet met zijn baas eens. Hij gromde ontevreden, maar Lubbert pakte een korte zweep en gaf Nero een paar ongenadige slagen, waarop het beest jankend wegkroop in de verste hoek. Ondanks zijn afkeer van Nero kreeg Dick haast medelijden met hem. En hij werd nog banger voor de wrede kerel die ook hem niet zou ontzien, als hij hem hier ontdekte... Kon hij maar wegkomen!

Doerakker was opgestaan en opende de deur van een kleine voorraadkast. Het leek wel alsof hij koffie wilde zetten en ook wat wilde eten, maar blijkbaar miste hij een paar dingen die hij nodig had. Hij slaakte een knetterende vloek, stond een ogenblik aarzelend stil en nam toen blijkbaar een besluit. Lubbert deed de kast dicht, pakte Nero bij zijn halsband, rukte het dier overeind en schopte hem de deur uit. Toen ging hij zelf ook naar buiten en deed de deur van de caravan zorgvuldig op slot.

Dick trilde van blijde hoop en opwinding. Als de kerel wegging om eten of andere dingen in te slaan zou er eindelijk een goede gelegenheid zijn om ertussenuit te knijpen! Hij rekende erop dat Nero mee zou gaan naar het dorp.

Dat bleek een misrekening. Lange Lubbert pakte het dier opnieuw beet en bevestigde het eind van een heel lang koord aan zijn halsband. Het andere eind maakte hij aan de wagen vast.

De hond jankte en gromde. Blijkbaar had ook hij op een tochtje gerekend, maar zijn meester liet zich niet vermurwen.

'Niks ervan. De baas gaat met de auto en jij blijft zolang hier om pottenkijkers uit de buurt te houden. Iedereen die je te pakken kunt krijgen mag je van mij opvreten.' Lubbert lachte luid om zijn eigen woorden. Dick voelde helemaal geen neiging om mee te lachen.

De man liep naar de plek waar alle auto's van de camping geparkeerd stonden. Dick kon hem nu niet meer zien, maar even later hoorde hij een wagen wegrijden.

Graag zou hij snel uit de boom zijn geklommen, maar hij was er vrijwel zeker van dat Nero's touw zo lang was, dat de hond hem kon bereiken. Een paar minuten bleef hij zitten denken. Hij keek om zich heen, of hij misschien van boom tot boom zou kunnen springen om zo buiten het bereik van Nero te komen. Maar zelfs de dichtstbijzijnde boom was nog te ver weg en Dick was nu eenmaal geen eekhoorn.

De hond liep een beetje sloom rond en verdween aan de andere kant van de caravan. Dick kon hem nu niet meer zien. Maar hij kreeg de indruk dat het dier achter de caravan ging zitten of liggen, want hij kwam niet terug en het touw waarmee hij vastlag bewoog niet meer.

Nu moest hij het proberen! Voorzichtig trok hij zich op tot hij met zijn voeten op het takkenkruis vlak bij de stam stond.

Enkele meters onder hem was de grond. Over een paar seconden kon hij in veiligheid zijn.

Hij daalde af naar een dikke tak een halve meter lager. Het lukte zonder veel lawaai. Zijn hart klopte wild van toenemende hoop en spanning. Weer lager! De dennennaalden schuurden langs zijn kleren en er was een licht geritsel.

Nero had scherpe oren. Met grote sprongen kwam hij om de bocht aanstormen, recht op de boom af. Zijn met bloed doorlopen ogen ontdekten de jongen. Met een woeste grauw sprong hij omhoog, de wrede muil geopend.

Zijn tanden schrapten langs de schoenzool aan Dicks rechtervoet. Het scheelde maar een paar centimeter, dan had hij zijn prooi beetgehad. Met een gil van angst trok de jongen zijn voet omhoog. Vlug klom hij weer terug naar zijn oorspronkelijke zitplaats, waar hij tenminste buiten bereik van Nero's tanden was.

De hond maakte nog steeds dolle sprongen. Hij blafte woest en loeide vals naar Dicks benen, die hij blijkbaar als aanvulling op zijn karige maaltijd wilde gebruiken.

Toen de jongen doodstil bleef zitten en niet op het wilde gedoe reageerde bedaarde de hond ten slotte ook, maar hij dacht er niet aan weg te gaan. Onder de boom bleef hij op zijn post. Als Dick zich maar even bewoog barstte het ondier in woest getier los.

De jongen had het vreselijk benauwd. Elk ogenblik kon lange Lubbert terugkomen en dan zou het er niet best voor hem uitzien.

Hij probeerde het ten slotte met vriendelijkheid.

'Lieve hond, brave hond, lief beest!' vleide hij.

'GRRRR!' antwoordde het lieve beest terwijl hij al zijn blinkende tanden liet zien.

Dick zag geen uitweg meer en bleef angstig wachten op de komst van Doerakker.

6
Kabaal op de camping

Onder de kap van de hoge hooiberg zaten Tom, Karel en Bertus met echte samenzweerdersgezichten te overleggen.

Tom was aan het woord.

'Als we de schuilplaats van de schat willen ontdekken moeten we snel zijn, anders is Lubbert ons voor. Hij zit ook achter de kostbaarheden aan, dat is vast en zeker, maar hij is niet van plan ze aan mevrouw Brandt terug te geven.'

'Het is gek dat die vent na een paar jaar opeens weer komt opdagen,' vond Karel. 'Hij moet op de een of andere manier een spoor te pakken hebben gekregen, dat hij nu probeert te volgen.'

Bertus knikte. 'Ik geloof dat hij bezig is allerlei mensen te ondervragen die misschien in de bezettingstijd aan het verzet hebben meegedaan. Mensen die in de groep van meneer Brandt en Leonard zaten, of die de schuilplaatsen van die groep kenden.'

'Maar hij kan toch moeilijk vertellen waar hij eigenlijk op uit is,' zei Karel.

Tom maakte een resoluut gebaar.

'Jongens, wij moeten tot actie overgaan. Ik geloof... ik heb het idee dat Dicks moeder destijds toch te weinig navraag heeft gedaan. Ze was natuurlijk kapot van verdriet over de dood van haar man en ze wist ook te weinig over zijn verzetswerk en zo, maar er moeten toch genoeg mensen zijn die... Ik bedoel, als Doerakker zulke mensen weet op te sporen, moeten wij het ook kunnen!'

'En dan?' vroeg Bertus.

'Nou, eh... dan... dan vragen we gewoon of ze ons wat willen vertellen, over verzetswerk dat ze gedaan hebben en over plaatsen waar ze zich verstopten en... nou ja, alles wat belangrijk is. En als we dan die verhalen met elkaar vergelijken, ontdekken we misschien wat...'

Het kwam er een beetje onzeker uit. Tom begreep wel dat de uitvoering van zijn plan niet zo gemakkelijk zou zijn. Die brutale Doerakker, die veel ouder was en die blijkbaar met mooie smoesjes en een gouden sigarenkoker de mensen imponeerde, die kon het. Wie weet, wat voor leugens hij ze wijsmaakte! Maar zij... ze waren tenslotte nog maar jongens... De mensen zouden hen misschien uitlachen.

Maar toch, zo zou het moeten als ze ooit een spoor te pakken wilden krijgen.

Opeens kreeg Tom een idee.

'Die Leonard is in een concentratiekamp omgekomen... Hij was niet getrouwd, vertelde mevrouw Brandt, maar hij zal toch wel ouders of broers en zussen hebben gehad die misschien nog wel hier wonen. Als we daar nu eens mee beginnen.'

Hij kreeg onmiddellijk bijval van Bertus en Karel, die blij waren dat er tenminste iets uitvoerbaars uit de bus kwam.

Van beneden klonk de stem van tante Leen: 'Koffiedrinken!'

De boerin wist dat het drietal boven in de hooiberg zat.

'Dat komt mooi uit!' zei Tom zacht. 'Onder de koffie krijgen we wel gelegenheid om te vragen waar die Leonard eigenlijk woonde en of zijn familie hier nog woont. Het is beter dat oom Kees en tante Leen niet weten wat we van plan zijn. Als we het antwoord weten gaan we er meteen opuit.'

Ze klommen de ladder af en gingen naar het tuinhuis, waar de koffie al klaarstond.

Oom Kees was ook even gestopt met werken om een 'bakkie troost' te drinken.

Ze praatten wat over koetjes en kalfjes, maar Tom die het woord zou doen, zag geen kans een goede aanloop voor zijn vraag te vinden. Zijn vrienden gaven hem een stille wenk dat hij moest doorzetten, wat hem alleen nog maar zenuwachtiger maakte. Nog even, dan zouden oom Kees en tante Leen merken dat er met hun gasten iets ongewoons aan de hand was.

Ten slotte, toen tante Leen het tweede kopje inschonk, besloot Tom dan maar met de deur in huis te vallen.

'Oom Kees..., die Leonard... waar heeft die eigenlijk gewoond?'

'Leonard? Ken ik niet!'

'Jawel, oom,' schoot Bertus te hulp. Hij heette eigenlijk Arend Visscher en zat in het verzet. De Duitsers hebben hem doodgeschoten.'

'Ah, nu begrijp ik het. Hoe hebben jullie van hem gehoord?'

'Mevrouw Brandt noemde hem een keer. Hij was een vriend van haar man en zat in dezelfde verzetsgroep.'

'Ja, dat klopt. Die Arend was een prima kerel. In die tijd was mijn vader hier nog boer op het Eksternest. Wij hebben ook wel mensen geholpen met eten en zo, en een tijdlang hebben we twee onderduikers gehad, mensen die aangewezen waren voor werk in Duitsland en niet wilden. Maar meneer Brandt en Arend Visscher, wat die allemaal gedaan hebben, daar heb ik respect voor! Natuurlijk is het meeste pas na de bevrijding bekend geworden. Verschrikkelijk jammer dat ze allebei door die bloedhonden zijn vermoord.'

Oom Kees zweeg even, diep in gedachten.

'Woont zijn familie hier nog?' vroeg Tom.

'Jazeker! Nog altijd op de boerderij die nu door zijn oudste broer wordt beheerd. De oude moeder woont er nog bij in. Die boerderij staat verderop in het veld.' Oom wees met zijn hand de richting aan. Het is aan de overkant van het riviertje.'

De jongens vroegen niet verder. Voorlopig wisten ze genoeg.

Er werd koffiegedronken en nog een poosje gepraat. Toen gingen oom Kees en tante Leen weer naar hun werk. De drie vrienden pakten hun fietsen.

Snuf, die op het erf had rondgezworven, kwam onmiddellijk aanhollen om mee te gaan, maar Tom wees hem terug.

'Hier blijven, Snuf. Wij gaan hard fietsen. De volgende keer mag je weer mee.'

De slimme begreep zijn baas best. Hij was duidelijk teleurgesteld, maar gehoorzaamde.

Het drietal reed weg naar de kant van het riviertje.

Toen ze de meeste zomerhuisjes gepasseerd waren, vroeg Tom: 'Wat gaan we doen, jongens: de kortste weg nemen, langs de camping, of eroverheen?'

'Laten we er maar overheen fietsen,' vond Bertus. ' Misschien zien we dan nog een spoor van lange Lubbert.'

'Goed, maar bij zijn caravan gaan we niet kijken. Dan vallen we te veel op!'

Ze remden wat af en reden in een rustig gangetje over de camping, schijnbaar argeloos rondkijkend, terwijl ze toch hun ogen goed de kost gaven.

Het was niet zo erg druk op het terrein. Doerakker zagen ze nergens. Misschien was hij in of bij zijn caravan, maar daar wilden ze niet gaan snuffelen. Wel fietsten ze nog wat langzamer toen ze dicht in de buurt kwamen.

Opeens klonk van achter de bomen en bosjes het woedende geblaf van een hond.

'Dat is Nero,' zei Karel. Hij had het nog niet gezegd of ze hoorden een angstige kreet: 'Help.'

Het geluid werd onmiddellijk gevolgd door nieuw getier van Nero, maar de jongens hadden het alle drie gehoord. Ze sprongen van hun fiets en keken elkaar met grote ogen aan.

'Daar is iemand in...' begon Tom.

'Help... help!'

Ze aarzelden niet langer. Al hadden ze weinig zin in een ontmoeting met Nero, als het ondier iemand bedreigde moesten ze wel te hulp komen.

Met de fiets aan de hand sloegen ze het zijpad in dat naar de caravan van Lubbert leidde.

Tom ging voorop. Hij had er nu spijt van dat ze Snuf niet bij zich hadden. Hij zag een tak op de grond liggen en raapte die op om tenminste een wapen te hebben.

'Verstandig idee,' bromde Bertus. Hij zette zijn fiets tegen een boom, pakte zijn zakmes en sneed vlug twee stevige takken: een voor Karel en een voor zichzelf.

'Jongens, kom gauw. Die hond....' Woedend geblaf overstemde de rest, maar Tom had de stem herkend.

'Het is Dick.' Hij liet zijn fiets meteen vallen en rende naar de caravan, op de voet gevolgd door zijn vrienden.

Daar zagen ze hun jonge vriend in de boom zitten, bewaakt door een grimmige Nero die hongerig staarde naar de stevige jongensbenen waar hij net niet bij kon.

Het drietal stond een ogenblik verbluft te kijken. De gekke situatie werkte een beetje op hun lachspieren, maar ze beheersten zich, omdat ze heel goed begrepen dat Dick het niet zo grappig vond.

'Hoe kom jij daar in die boom?' vroeg Tom.

'Vertel me liever hoe ik eruit kom,' antwoordde Dick. 'Doerakker kan elk moment thuiskomen en dan ben ik er gloeiend bij.'

'Wij zullen je wel helpen.' Terwijl hij dit zei liep Bertus dapper naar de deur van de caravan.

Maar toen kwam Nero weer in actie. Met een hees gebrul vloog hij op zijn nieuwe prooi af. Bertus deinsde haastig terug, maar hij moest toch zijn tak nog gebruiken om de aanvaller van zijn lijf te houden.

Dick zag zijn kans schoon en probeerde gauw uit de boom te komen, maar Nero was zijn 'oude liefde' nog niet vergeten. Hij stoof direct weer naar de jongen toe, die zich nog net op een hogere tak in veiligheid kon brengen.

Tom zag de oplossing.

'Jongens, als we even ons verstand gebruiken krijgen we Dick er makkelijk uit. We gaan die joekel gewoon een beetje treiteren.'

Ze overlegden even en voerden toen hun plan uit. Samen liepen ze schreeuwend en stampend op de caravan af.

Nero liet dit natuurlijk niet op zich zitten, maar ging meteen tot de aanval over. De drie maakten snel een tactische terugtocht en stopten op een plek die de hond net niet kon bereiken. Daar 'aaiden' ze het monster met hun takken om zijn van woede kwijlende muil. Ze deden hem niet echt pijn, maar brachten hem wel tot een toppunt van razernij.

'Als dat touw breekt zijn we nog niet jarig,' schreeuwde Karel boven het gebrul van het monster uit.

'Dat breekt niet,' verzekerde Tom. 'Nu wat meer naar rechts uitwijken.'

Ze lokten de hond tot helemaal aan de andere kant van de caravan, buiten het zicht van Dick. Daar hielden ze het schuimbekkende beest aan de praat, tot Dick met een luide kreet liet weten dat hij op de grond en in veiligheid was. Toen trokken ze zich terug.

Nero had nog steeds last van opgekropte zenuwen. Huilend en dolle sprongen makend stoof hij heen en weer langs beide kanten van de caravan.

'Een stom beest. Snuf zou zich niet zo gemakkelijk laten beetnemen,' zei Tom minachtend.

Dat waren zijn vrienden met hem eens. Nero's kwaliteiten zaten meer in zijn tanden dan in zijn hersens.

Dick had zich bij hen gevoegd. 'Bedankt jongens, dat was geweldig van jullie, maar we moeten hier gauw vandaan. Ik geloof dat Lubbert er al weer aankomt!'

Inderdaad hoorden ze een auto, die vlak daarop stopte. Een deur werd geopend en weer dichtgeslagen.

Ze holden naar hun fietsen en stapten op. Dick ging bij Bertus op de bagagedrager zitten.

Terwijl ze wegreden, hoorden ze Nero nog tieren. Even later klonk de stem van Doerakker, die op barse toon zijn hond tot kalmte maande. Ze waren op het nippertje ontsnapt.

Met een stevig gangetje fietsten ze verder. Dick keek een paar keer angstig achterom of Nero hen ook achterna kwam, maar er gebeurde niets.

Na een paar minuten bereikten ze de dijk langs het riviertje. Op een mooi plekje in een bocht van de dijk, waar mals gras groeide en een paar struiken en bosjes wat schaduw gaven, remde Tom af.

'Laten we hier maar stoppen, jongens.'

Ze gingen tegen de dijkhelling liggen.

Dick voelde zich niet helemaal op zijn gemak. Hij was dolblij dat hij aan Nero en aan Doerakker was ontsnapt, maar hij begreep wel dat zijn vrienden een verklaring van hem wilden. En als zijn moeder dit zou horen...

'Bedankt dat jullie me hebben gered,' begon hij wat onzeker.

'Graag gedaan, jongen,' zei Tom ironisch. 'Maar het moet natuurlijk geen gewoonte worden. De ene keer moet Snuf je opduiken uit het water, de andere keer halen wij je uit een boom, tot verdriet van Nero. Wat deed je daar? Sparappels plukken?'

Dick begreep wel dat er niets anders opzat dan het hele verhaal te vertellen.

De anderen luisterden aandachtig en grijnsden zo nu en dan onbarmhartig. Nu het slachtoffer gered en in veiligheid was toonden ze openlijk hun leedvermaak.

Dick had expres niet alles verteld wat hij had gezien. Waar Lubbert in de caravan mee bezig was, had hij voor zich gehouden.

Hij kreeg van zijn vrienden de wind van voren.

'Ik geloof nu toch dat je moeder je niet voor niets als een klein kind behandelde!' zei Tom streng. 'Je moet eerst nadenken voor je wat doet!'

Karel en Bertus knikten instemmend, al hadden ze wel het gevoel dat ze zich wat huichelachtig gedroegen. Want zelf waren ze ook niet altijd zo braaf en voorzichtig als er een avontuur te beleven viel...

'En je bent er ook nog niks mee opgeschoten,' vermaande Tom hem vaderlijk.

'O jawel, ik heb een paar heel belangrijke dingen ontdekt!' kaatste Dick terug. Hij beleefde een ogenblik van triomf, toen hij de verblufte gezichten van de drie anderen zag.

Tom voelde zich opeens uit zijn rol van bestraffende vader vallen en kon zo gauw zijn draai niet vinden.

Karel was de eerste die verder vroeg.

'Wat dan?' vroeg hij gretig.

'Nou, toen Lubbert in de caravan was, gaf hij eerst Nero te eten en daarna... ' Dick vertelde nu precies wat hij had gezien: het opschrijfboek met aantekeningen, de grote kaart van het dorp en de naaste omgeving en de kruisen en onderstrepingen die Doerakker op bepaalde plaatsen had gezet.

'Ken je die aangestreepte plekjes nog?' vroeg Bertus gretig.

Dick knikte. 'O, ja. De meeste in elk geval wel. Ik ken het hele dorp als mijn broekzak. Dat is het voordeel, als je hier al jaren woont.'

De anderen voelden het prikje wel, maar waren zo wijs er niet op te reageren.

Tom nam weer de leiding.

'Jongens, we stellen ons eigen plannetje even uit. Dat kan toch niet doorgaan nu Dick erbij is. We gaan naar het dorp en kopen net zo'n kaart als Lubbert heeft. Dick schrijft er voor ons de onderstrepingen op, precies zoals hij het heeft afgekeken en dan kijken we eerst wat we met die gegevens kunnen beginnen. Oké?'

'Oké!' riepen Bertus en Karel.

Dick zei niets en keek demonstratief een andere kant op. Tom zag het wel. 'Het lukt je toch wel om dat voor ons te doen, Dick?'

De jongen haalde zijn schouders op.

'Misschien wel. Maar mag ik dan verder helemaal met jullie meedoen?'

'Ja,... nee,... kijk es... je moeder...'

'En hebben jullie wel toestemming van thuis?'

'Nou, kijk, wij zijn ouder dan jij,' begon Tom een beetje vaderlijk. 'En bovendien...'

Hij zweeg toen hij het verbeten gezicht van Dick zag en opeens begreep dat de jongen met zijn tranen worstelde.

Even was het stil. Toen begon Dick moeizaam te praten.

'Jullie... jullie zijn ouder en verstandiger, en ik zal vandaag wel weer dom gedaan hebben toen ik er alleen op uittrok. Maar jullie vergeten dat het allemaal over mijn vader gaat en over de schat die hij heeft verborgen en die van mijn moeder is. Het lijkt wel alsof iedereen ernaar mag zoeken, behalve ik. En als ik dan toch iets belangrijks ontdek, mag ik de boel netjes voor jullie in orde maken, afgeven, en vervolgens zelf in bed kruipen. Dat vertik ik!'

Dick zweeg, eigenlijk een beetje geschrokken van zijn eigen woorden. Hij begreep opeens dat het na deze weigering over zou zijn met de vriendschap.

Toen niemand de stilte verbrak, stond hij met een triest gezicht op. 'Dan ga ik nu maar naar huis. Bedankt voor alles!'

'Nee, Dick. Blijf nou even zitten. We moeten eens praten,' zei Tom op zachte toon.

Dick liet zich overhalen en toen werd er lang en openhartig gepraat. Tom en zijn vrienden moesten bekennen dat Dick niet helemaal ongelijk had. Ze hadden hem wat al te gemakkelijk willen uitschakelen. Maar ze moesten ook rekening houden met hun belofte aan mevrouw Brandt, dat ze haar zoon niet zouden meeslepen in gevaarlijke avonturen.

Het was moeilijk een bevredigende oplossing te vinden, maar na veel overleg kwamen ze er toch zo ongeveer uit.

Ze spraken af dat Dick met de anderen zou meedoen als ze naar de schat gingen zoeken of inlichtingen gingen vragen. Alleen als er een kans was dat ze rechtstreeks met lange Lubbert in botsing zouden komen zou Dick er buiten blijven. Op zijn beurt beloofde Dick dat hij uit de buurt van Doerakker zou blijven.

Dick was heel tevreden met deze afspraken.

'Dan gaan we nu eerst een kaart kopen,' stelde Tom voor.

Ze reden naar het dorp en wisten in een kantoorboekhandel precies dezelfde plattegrond in handen te krijgen die Lubbert had.

Toen ze weer buiten waren keek Dick verschrikt naar de wijzers van de oude dorpstoren.

'Het is al laat! Mijn moeder kan elk moment thuiskomen. Ik wil haar liever voor zijn, anders stelt ze misschien allerlei vragen.'

'Maar die kaart dan?' zei Karel wat teleurgesteld. 'Je moet er toch strepen op zetten en dan zouden we samen...'

Tom maakte een eind aan de discussie.

'Hoor eens, jongens, Dick moet het allemaal uit zijn hoofd opschrijven. Daar moet hij even rustig de tijd voor hebben zonder dat wij hem opjagen. Hij neemt de kaart nu mee naar huis en maakt hem vanmiddag na het eten af. Als wij hem dan later komen halen om te gaan zwemmen, kunnen we bij de dijk alles bekijken.'

Dat was inderdaad de verstandigste oplossing. Ze brachten vlug Dick thuis en reden toen naar het Eksternest.

De namiddag ging veel te langzaam voorbij. Het was broeierig warm. De lome hitte hing in alle gebouwen van de boerderij. Het was bijna te warm om te werken, maar als ze niets uitvoerden leek de tijd ook wel op zijn rug te liggen. Daarom meldden ze zich maar als werkzoekenden bij het arbeidsbureau van oom Kees en tante Leen, dat gelukkig nog wel een paar klusjes voor hen had.

Ondertussen had Dick het ook niet gemakkelijk. Hij had zich na de maaltijd teruggetrokken op zijn kamertje, de plattegrond voor zich uitgespreid en een potlood gepakt.

Nu probeerde hij zich te herinneren op welke plekken Lubbert zijn tekens had neergezet.

Voor een deel lukte dat, maar Dicks zekerheid was toch minder groot dan hij tegenover de jongens had doen voorkomen. Hij zweette niet alleen van de warmte, maar ook van de inspanning, want het ging om millimeters.

Eindelijk besloot hij op plekjes waar hij niet zeker was een cirkeltje te tekenen. Ze konden dan altijd gaan kijken wat er in die buurt te zien viel.

Hij werd duf van het piekeren en was nog maar nauwelijks klaar toen zijn vrienden hem kwamen halen voor de gezamenlijke zwempartij.

Vlug stopte hij de kaart in zijn bloes.

Even later reden ze samen weg, met een rustig gangetje, want Snuf ging altijd mee zwemmen en de jongens wilden hun trouwe vriend niet onnodig hard en lang laten rennen.

'Heb je het afgekregen?' vroeg Tom, die naast Dick fietste.

Die knikte een beetje aarzelend.

'Tja, wel zo ongeveer, maar het was erg moeilijk. Ik kon me niet alles herinneren. Ik heb me soms suf gepiekerd en er hoofdpijn van gekregen. Nou ja, alles wat ik weet heb ik aangestreept.'

'Mooi, dan gaan we nou eerst lekker zwemmen, dat frist op,' vond Tom. Eigenlijk had hij het liefst meteen de kaart bekeken, maar hij zag wel dat Dick moe was. Die moest eerst maar eens wat bijkomen. Dat wist hij ook Bertus en Karel duidelijk te maken, toen ze hun zwemplek hadden bereikt.

Vijf minuten later lagen ze in het heerlijke, heldere water. Ze zwommen en doken, gaven Dick les, speelden met Snuf, of lieten zich, op hun rug liggend, met de stroom meedrijven.

Het water was tintelend fris en dreef de lome warmte uit hun lijf. Ze knapten er helemaal van op. Ook Dick werd weer helemaal fit.

Toen ze ten slotte aangekleed en wel op de dijkhelling lagen, met de opengevouwen kaart voor zich, prezen de jongens in koor het werk van hun jonge vriend en beschermeling, waardoor hij nog meer opvrolijkte.

Daarna gingen ze alle strepen en kruisjes langs. Sommige zeiden hun niet veel, maar andere waren gemakkelijk te herkennen. De dorpstoren was erbij, een schoolgebouw, het gemeentehuis, maar ook plekjes waar volgens Dick alleen een woonhuis stond.

Het was Tom die de conclusie formuleerde.

'Jongens, Lubbert probeert natuurlijk de schat te vinden. Hij weet nog steeds niet waar die is, maar hij heeft bepaalde vermoedens. Op zijn kaart tekent hij elke plek aan, waar de verzetsgroep schuilplaatsen of contactadressen had. Al zoekend en vragend hoopte hij er achter te komen waar Dicks vader alles heeft verstopt.'

De anderen knikten instemmend.

Bertus wees naar een punt ver buiten de dorpskom, waar een gebouw, een boerderij leek het wel, met potlood door een rechthoek was omgeven.

'Wie woont daar?'

'Dat is... Ik heb het net zo nagetekend als het bij Lubbert op de kaart stond... Wacht eens, daar woont.... ik weet het al! Dat is de boerderij van de familie Visscher. Daar moet Leonard hebben gewoond.'

Tom sprong op. 'We moeten opschieten, want Lubbert heeft een voorsprong op ons. We gaan nu meteen naar die boerderij. Dat waren we toch al van plan. Dat Dick bij ons is betekent alleen maar een voordeel, want dan kunnen we gemakkelijker contact leggen.'

Dick bloosde van plezier bij die woorden. In een paar seconden zaten ze allemaal op de fiets.

7
De strijd van Arend Visscher

Ze reden een heel eind over de dijk tot ze een brug over het riviertje bereikten. Snuf draafde vrolijk met hen mee. Aan de overkant konden ze de boerderij al tussen de hoge bomen zien liggen. Toen ze dichterbij kwamen, minderden ze onwillekeurig wat vaart. Tom begreep wel dat hij, zoals meestal, het woord zou moeten doen. Hoe moest hij precies beginnen? Nou ja, hij zou wel zien.

Ze reden het erf op, zetten hun fietsen neer en belden aan. Er kwam niemand. 'Zouden ze niet thuis zijn?' vroeg Karel zacht. Tom belde nog een keer. Vlak daarna hoorden ze sloffende voetstappen. De deur ging open. Voor hen stond een oud vrouwtje. Ze was klein en zo fijn gebouwd, dat de jongens het gevoel kregen dat een windvlaag haar zou kunnen wegblazen. Haar haren waren bijna helemaal grijs, maar hier en daar was nog te zien dat ze vroeger zwart waren geweest.

In het kleine, gerimpelde gezicht stonden twee donkerbruine ogen waaraan niets ontging. Tom raakte er even door van zijn stuk.

'Wij willen graag... ik bedoel... is meneer Visscher thuis?'

'Mijn zoon en zijn vrouw zijn naar het land om te melken. Maar wat willen jullie?'

De stem van de oude vrouw klonk opvallend helder en beslist.

'U hebt een zoon gehad die in het verzet zat. Wij wilden daar graag wat over te weten komen, want we...' Terwijl hij moeizaam naar woorden zocht, was het gezicht van de oude boerin plotseling verstrakt. Met een boos gebaar onderbrak ze hem.

'Alweer mensen die in andermans verdriet willen wroeten. Daar komt niets van in!'

Tom was zo uit het veld geslagen, dat hij niet wist te zeggen. De

vrouw stond op het punt de deur voor hun neus dicht te doen, maar ondanks haar resolute woorden scheen ze toch nog even te aarzelen. Ze keek de vier bezoekers een voor een aan. Dick, die achteraan stond kwam het laatst aan de beurt. Er kwam een blik van herkenning op haar gezicht. 'Jullie drieën ken ik niet, maar jij... jij moet het zoontje zijn van mevrouw Brandt. Je lijkt op je vader...'

Bij die laatste woorden was de stem van de boerin opeens veel zachter geworden. Dick knikte. 'Dat zegt mijn moeder ook altijd, mevrouw. En ik... ik weet dat uw zoon een goede vriend van vader was en...' De oude vrouw luisterde al niet meer. Ze deed de deur helemaal open.

'Dat verandert de zaak. Kom er maar in. De hond mag wel mee.' Ze ging haar bezoekers voor door de gang en de woonkeuken naar de mooie kamer waar ze, nog een beetje verbouwereerd door de plotselinge verandering, gingen zitten.

De jongens hoefden niet te beginnen. Hun vastberaden gastvrouw nam zelf de leiding. 'Jou ken ik dus. Heet je niet Dick? Dat dacht ik al. Maar wie zijn jullie?'

Tom, Bertus en Karel noemden hun namen en vertelden dat ze in het Eksternest logeerden. De oude vrouw knikte tevreden.

'Bij Kees en Leen dus. Ik ken hen goed. Het zijn fijne mensen.'

Aangemoedigd door die opmerking vertelde Tom over de merkwaardige manier waarop ze eerst met Dick en vervolgens met zijn moeder in aanraking waren gekomen en over hun plan om onderzoek te doen naar de schat die Dicks vader had verborgen.

De boerin luisterde goed en knikte zo nu en dan. Toen Tom zweeg zei ze: 'Ik had jullie eerst bijna weggejaagd. Dat komt door wat er een paar dagen geleden is gebeurd. Toen kwam hier zo'n grote, brutale kerel aan de deur, met een glimmend gezicht en gemene ogen. Hij had een monster van een hond bij zich.'

'Lange Lubbert!' riepen de vier gelijktijdig.

'Zo, kennen jullie hem? Hij is toch geen vriend van jullie?' Het viertal verzekerde haar dat dit niet het geval was.

'Gelukkig maar, want die vent deugt niet. Ik heb me nog niet vaak in mensen vergist. Bij deze kerel zag ik direct dat hij niet te vertrouwen was. Hij kwam toevallig ook net onder melktijd, zodat ik alleen thuis was. Hij had heel wat praatjes en beweerde dat hij werkte aan een serie artikelen voor een weekblad, over het verzet en de illegale actie in ons dorp tijdens de bezetting. Hij noemde namen van mensen waar mijn zoon mee had samengewerkt en beweerde dat die hem al heel wat informatie hadden gegeven.

Hij probeerde mij te overbluffen en wilde zelfs brutaalweg langs mij heen dringen, de gang in. Maar dat feest ging niet door. Ik vertrouwde de kerel met zijn gladde praatjes niet en mijn wantrouwen werd nog groter toen hij opeens begon over die schat die hier ergens in het dorp verborgen moet zijn. Toen ik hem afpoeierde werd hij nog brutaler en deed net alsof hij dat hondenmonster op mij wilde afsturen, maar ik gooide de deur dicht en toen is hij vloekend en scheldend afgedropen. Nou, je begrijpt, toen er opeens weer vier nieuwsgierigen voor de deur stonden, alweer met een hond, die over dezelfde dingen wat wilden weten... Maar dat is nu dus voorbij. Ik vertrouw jullie.'

De jongens vertelden alles wat ze van Lubbert Doerakker wisten. Meer dan ooit begrepen ze dat deze man een gevaarlijke tegenstander was, die al een hele voorsprong op hen had. Ze zouden de hulp van de oude boerin hard nodig hebben om hem te slim af te kunnen zijn.

Nu de boerin haar gasten helemaal vertrouwde, kwam ze echt op haar praatstoel. Spontaan vertelde ze over allerlei gebeurtenissen uit de bezettingstijd en over de rol die haar jongste zoon daarin had gespeeld. 'Arend was mijn liefste kind,' zei ze en haar stem trilde even. 'Als kleine jongen kwam hij altijd met zijn problemen naar mij. Gemakkelijk was hij soms niet. Hij kon geen onrecht aanzien. Vaak genoeg kwam hij thuis van school met vuile, gescheurde kleren en vol schrammen. Dan had hij gevochten met andere jongens, meestal niet om wat ze hem wilden aandoen, maar omdat ze een ander kind pestten of in het nauw dreven.

Dan mopperde ik wel over zijn kapotte kleren, maar als ik dan precies hoorde wat er aan de hand was geweest en wie hij had verdedigd en geholpen, was ik vaak vanbinnen ook een beetje trots op hem. Toen de Duitsers op 10 mei 1940 ons land zomaar aanvielen, was hij achttien jaar en net van school af. Hij had een baan gekregen als tekenaar op een aannemerskantoor hier in het dorp en het beviel hem daar heel goed. Maar op die vreselijke dag ging hij niet naar zijn werk. Hij liep te stampvoeten van machteloze woede en zou het liefst naar de Grebbelinie zijn gegaan om daar als vrijwilliger mee te vechten. Dat is hier namelijk niet zo heel ver vandaan. Maar alles ging veel sneller dan iemand in ons land ook maar had verwacht. Op 14 mei volgde de capitulatie al.

Later heeft hij met plannen rondgelopen om naar Engeland te gaan en dienst te nemen bij de daar gevormde Nederlandse brigade. Zo'n reis naar Engeland was levensgevaarlijk. Toen ik iets hoorde over zijn plannen heb ik hem gesmeekt het niet te doen: ik vond het risico te groot. Maar misschien was hij toch gegaan als hij in die tijd niet in aanraking was gekomen met meneer Brandt, de vader van Dick, die bezig was hier een verzetsgroep te vormen. Arend sloot zich er graag bij aan. Hij begreep dat er ook hier kansen genoeg waren om mensen die in nood zaten te helpen en zo tegen de vijand te vechten. Toen dacht hij niet meer aan Engeland. Hij zag zijn taak hier. En hoe verschrikkelijk ik het vind dat hij tenslotte is doodgeschoten, op zijn werk ben ik nog altijd trots.'

De stem van de oude moeder trilde weer een beetje bij de laatste woorden. Toen keek ze naar de klok. 'Jongens, ik heb nog veel meer te vertellen, maar nu niet. Ik moet het avondeten gaan klaarmaken. Kom morgen maar weer terug en kijk uit voor Doerakker!'

Tom en zijn vrienden bedankten haar hartelijk en gingen naar buiten. Het kleine, levendige vrouwtje had een diepe indruk op hen gemaakt. Toen ze over de brug en op de rivierdijk waren, stopten ze op een geschikt plekje om nog wat na te praten.

'Ik heb echt even gedacht dat we niet zouden binnenkomen,' bekende Tom. 'Dat oude mensje heeft ogen in haar hoofd, die dwars door je heen kijken.'

Karel knikte instemmend. 'Als ze Dick niet had herkend als de zoon van meneer Brandt zouden we het niet gered hebben. Het is maar goed dat hij is meegegaan.' Dick straalde van trots.

'We hebben heel wat gehoord, maar met het vinden van de schat zijn we nog niet zo veel verder gekomen,' vond Bertus.

Tom, die er op zijn gemak bij zat en zijn hond streelde, was het daar niet mee eens.

'We komen er wel, al gaat het stap voor stap. Die oude dame is nog lang niet uitgepraat. Als er iemand is die ons wijzer kan maken, moet zij het zijn. Dat heeft Doerakker ook begrepen, maar zijn bezoek was tevergeefs. Wij weten nu ook hoe die kerel te werk gaat. Dat hele verhaal over een serie artikelen die hij voor een weekblad wil schrijven is natuurlijk een handige leugen om de mensen aan de praat te krijgen.'

Het werd tijd om naar huis te gaan, anders zouden ze allemaal te laat komen voor het avondeten. Ze spraken af dat ze voorlopig niet met oom Kees en tante Leen en ook niet met Dicks moeder zouden praten over het gesprek met de oude mevrouw Visscher. Een gesprek dat trouwens nog niet af was.

Dick moest het eerst naar huis. Hij stapte bij Bertus achterop die er meteen flink vaart achter zette. Hij reed niet over de camping, maar ging om het bos heen. Toch keek Dick een paar keer angstig in de richting waar de caravan van lange Lubbert moest staan, maar Lubbert en Nero lieten zich niet zien.

Tom en Karel deden het wat rustiger aan, ook omdat Snuf naast hen mee rende. Zonder verdere avonturen bereikten ze het Eksternest. Vijf minuten later kwam Bertus daar ook hijgend aanfietsen.

Tante Leen was gelukkig een beetje laat met het eten. Ze vroeg niet wat de jongens allemaal hadden uitgespookt en het drietal was daar blij mee.

Toen ze 's avonds nog een poosje gezellig buiten zaten te genieten van de mooie zomeravond, zei oom Kees opeens: 'Jongens, ik heb morgen een karweitje voor jullie.'

De jongens schrokken op uit hun gedachten. Ze waren alle drie bezig geweest met de gebeurtenissen van deze dag en vooral met het gesprek dat ze met de oude mevrouw Visscher hadden gehad. Aan oom Kees en tante Leen hadden ze er niets over verteld, maar hun gedachten gingen er steeds naar terug.

'Ik, eh... wat bedoelt u?' vroeg Tom. Het klonk niet zo erg enthousiast. Oom Kees merkte het wel.

'Hebben jullie misschien andere plannen?' De jongens verzekerden oom Kees dat ze hem graag wilden helpen. Ze zeiden niet dat ze van plan waren geweest om de volgende dag meteen weer naar de familie Visscher te gaan. De hulp aan de gastvrije mensen die hun zo'n fijne vakantie bezorgden, moest voor alles gaan.

'Nou kijk, ik heb nog een stuk hooiland, dat ik jaren geleden heb kunnen pachten. Het is een beetje moeilijk te bereiken, je moet er met de praam naartoe varen. Ik heb het later gemaaid dan de rest, maar nu wordt het hoog tijd dat het hooi binnengehaald wordt. Het weer kan nu iedere dag omslaan en zelf kom ik er de komende dagen niet aan toe.

Nou had ik gedacht dat jullie dat karwei wel in een dag zouden kunnen doen. Je vaart er met de praam naartoe, neemt harken en vorken mee en ook een dekkleed.

Tante Leen zorgt wel voor een flinke voorraad boterhammen en drinken, dan kunnen jullie er de hele dag blijven, het hooi in de praam laden en tegen de avond terugkomen. Nou, wat vinden jullie ervan?'

'Leuk! Geweldig!' riepen de jongens en ze meenden het ook. Terwijl oom Kees praatte, hadden ze steeds meer zin in het karwei gekregen.

'Mooi! Dan zal ik jullie eerst even uitleggen waar het is en hoe je er komt. Even een kaart pakken.'

Oom Kees liep naar binnen en kwam even later terug met een papier dat hij openvouwde.

'Hé, dat is net zo'n kaart als...' Karel stopte plotseling omdat Tom hem een waarschuwende duw gaf. Het was inderdaad precies dezelfde uitgave als de toeristische kaart van lange Lubbert en die van Dick. Alleen was dit exemplaar ouder en hier en daar bij de vouwen al gescheurd.

Gelukkig lette de boer niet op wat Karel er uitflapte. Hij had de plattegrond van het dorp en de omgeving op de tuintafel uitgespreid en wees nu met zijn vinger naar een bepaald punt.

'Kijk, op deze plek komt het riviertje het dichtst bij onze boerderij. Aan de oever heb ik daar de hooipraam liggen en ook een roeiboot. En dit,' oom Kees wees een eind verderop, 'is het stuk hooiland dat ik bedoel.'

Op de kaart was duidelijk te zien dat het riviertje daar vroeger een lange lusvormige bocht naar links had gemaakt, om een soort landtong heen. Later had de stroom blijkbaar 'kortsluiting' gemaakt en de hele bocht afgesneden.

Het stuk land dat eerst rechts van het water had gelegen, lag nu links en was eigenlijk een soort eiland geworden. Oom Kees vertelde dat de oude rivier voor een groot deel was verzand. Er groeide riet, waterlelies en nog veel meer, maar mensen konden er niet door.

Bertus wees naar een klein vierkantje dat op het eiland was getekend, helemaal links.

'Wat betekent dat, oom?'

'Dat is een oude molen, tenminste wat er nog van over is. Zo'n honderd jaar geleden, toen de rivier nog door die scherpe bocht stroomde, stond op het eindpunt van de landtong een grote korenmolen. Je moet weten dat er in die tijd hier veel meer graan werd verbouwd. De molen stond toen op een geschikte plek: je kon er komen van rechts langs deze zandweg en ook per boot over het water.

Later werd het hier bijna overal grasland. Op een gegeven moment had de molenaar geen werk meer en het gezin verhuisde. Toen de rivier kort daarna in een nieuwe bedding stroomde, raakte de verlaten molen helemaal in verval. Eigenlijk wel jammer. In zijn goeie tijd moet het een prachtige bovenkruier zijn geweest, geweldig om te zien.'

Vooral Karel had vol belangstelling geluisterd. Hij was tenslotte een molenaarszoon, al werd hun eigen windmolen nog maar weinig gebruikt. Het hoofdbedrijf van zijn vader was nu een elektrisch gedreven houtzagerij.

'Mag Dick morgen ook meehelpen?' vroeg Tom.

'Natuurlijk! Hoe meer handen, hoe vlugger het karwei is geklaard,' antwoordde de boer. 'Erg vroeg kunnen jullie niet beginnen: het hooi moet eerst droog zijn.'

De jongens hadden er nu echt zin in gekregen. Ze gingen die avond dan ook heel tevreden naar bed.

8
Ontdekkingen in de molen

Oom Kees kreeg gelijk: vroeg in de morgen hing er een lichte, zilverwitte ochtendmist en de velden waren nat van de dauw. Toen de zon hoger klom en warmer werd, trok de mist op, maar het zou nog minstens een paar uur duren voordat het grasland droog zou zijn.

De drie jongens waren vroeg opgestaan. Nu ze toch nog niet konden hooien, gingen ze oom Kees helpen bij het melken. Daarna kregen ze een stevig ontbijt en vervolgens gingen ze de bewoners van de 'dierentuin' voeren.

Toen werd het tijd om Dick te halen en hem te vertellen over hun plannen. Ze gingen op de fiets naar het dorp. Mevrouw Brandt verwelkomde hen hartelijk en ze vertelden wat ze van plan waren.

Dicks moeder vond het wel goed dat haar zoon meeging. Ze vertrouwde de jongens nu helemaal en zag elke dag hoe Dick opfleurde en zich thuis veel minder onhandelbaar gedroeg.

Dick zelf keek eerst vreemd op, want ze hadden heel andere plannen gehad, al wilde hij dat in het bijzijn van zijn moeder niet zeggen. Maar zijn vrienden spraken zo enthousiast over de tocht met de praam, het eiland, de molen en de picknick die ze wilden houden, dat zijn ogen al gauw begonnen te stralen.

Mevrouw Brandt gaf het viertal behalve een aantal bezorgde adviezen ook vier sinaasappels mee. Die laatste werden het meest gewaardeerd.

Samen fietsen ze terug naar het Eksternest. Daar had tante Leen al een hele mand met eten klaargemaakt en verder melk, appels en een keteltje met koffie die ze in de lunch boven een vuurtje zouden opwarmen. Het zag er allemaal veelbelovend uit.

Oom Kees was al bezig met zijn eigen werk, maar hij had houten harken en lange hooivorken klaargezet. De jongens laadden het gereedschap op hun schouders, namen de mand mee en gingen, terwijl tante Leen hen nazwaaide, op weg.

Snuf stoof met dolle sprongen om hen heen. Hij scheen zich al net zo op de dag te verheugen als de anderen. Tante Leen had hem overigens niet vergeten: ook voor de hond had ze een flinke portie eten meegegeven.

Ze liepen over een veldpad dwars door de weiden. Het riviertje maakte hier en daar een bocht naar rechts en stroomde op één punt precies langs het land van oom Kees. Daar lagen de roeiboot en de praam.

Om die laatste was het begonnen.

Het was een niet al te groot vaartuig met een platte bodem. Oom Kees gebruikte het soms voor het vervoer van vee, mest of hooi. Er lagen twee lange vaarbomen in. Een roer had de boot niet, maar dat was voor de jongens geen probleem.

Even vochten ze voor de grap om de vaarbomen, tot Tom riep: 'Allemaal om de beurt: eerst Bertus en Karel, en de laatste helft bomen Dick en ik.'

Dat vond iedereen goed.

Ze gooiden het touw los. Bertus duwde de praam af en ze schoten bijna onmiddellijk naar het midden van het riviertje, dat hier behoorlijk snel stroomde.

Het bleek moeilijker dan ze hadden gedacht om de praam in zijn baan en in balans te houden, maar Bertus en Karel kregen het toch voor elkaar. Ze voeren stroomafwaarts, zodat ze niet heel hard hoefden te bomen.

Als een vertraagde film gleden de oevers en weiden aan hen voorbij. De twee schippers met de vaarbomen hadden niets anders te doen dan bijsturen bij de vele bochten.

Halverwege namen Tom en Dick de bomen over en Karel en Bertus, die zichzelf nu als ervaren stuurlui beschouwden, keken kritisch toe en bij elke minder geslaagde duw met een vaarboom lieten ze een luid gelach horen.

Al vrij gauw zagen ze de plek waar ze moesten zijn. Dat kon niet missen, want de oude, vervallen molen was een duidelijk merkteken.

Als een stompe, omhoogwijzende duim stak hij ver boven de groene omgeving uit.

Tom moest, geholpen door Dick, toch wel even al zijn stuurmanskunst gebruiken om de praam precies naar de juiste plek te sturen, waar een paal in de grond was geslagen om het touw aan vast te maken. Ze remden wat af, Bertus sprong aan wal en een paar seconden later lag de praam stevig vast.

Snuf was nummer twee die met een grote sprong op het eiland terechtkwam. Hij begon onmiddellijk te rennen en verdween in het struikgewas aan de overkant. Even later waren ook de anderen aan wal.

Het eiland was mooier en ook groter dan ze zich hadden voorgesteld. Langs de oever van de oude rivierbedding groeiden dichte struiken. Daarachter, op de plaats waar vroeger het riviertje stroomde, lag nu een onbegaanbare moerassige strook. Op sommige plekken glinsterde nog water. Daar groeiden gele plomp, zwanenbloem en allerlei andere wilde planten. Waar het verlandingsproces al verder was gevorderd, hadden graspollen, varens en ander groen de overhand gekregen, en zelfs struiken. Het was een grotendeels onbegaanbare wildernis.

In de verste hoek van het eiland stond de molen. De wieken waren verdwenen en de rieten buitenbekleding was half verrot, maar het was nog steeds een indrukwekkend gevaarte, dat de vier jongens onweerstaanbaar aantrok.

Ze liepen er vlug naartoe en openden de grote vleugeldeuren.

De binnenkant van de molen zag er heel wat steviger uit dan de erg gehavende buitenkant.

Een nogal gammele ladder leidde naar boven. Karel had zijn voet al op de eerste sport toen Tom waarschuwend zei: 'Jongens, we kunnen maar beter aan het werk gaan. Als we de boel hier eerst gaan bekijken, wordt het te laat voor we aan de slag zijn. Als we het hooi in de praam hebben is er misschien nog wel tijd om de molen te inspecteren.'

Tom had natuurlijk gelijk, al vonden de anderen het wel een beetje jammer dat ze hun nieuwsgierigheid niet meteen konden bevredigen. Naast de molen had vroeger een woning gestaan. Daar waren alleen de fundamenten nog van over.

De vier hooiers gingen nu serieus aan het werk. Ze harkten het hooi op grote hopen, zodat ze die dan later naar de praam konden brengen.

Het was een heel karwei en al gauw brak het zweet hen aan alle kanten uit. Het weer was broeierig warm.

De enige die geen last van de hitte scheen te hebben was Snuf. Hij sprong vrolijk blaffend om het viertal heen en probeerde hen over te halen tot een stoeipartij, maar daar was voorlopig geen tijd voor.

Toen ze een paar uur hard hadden doorgewerkt en behoorlijk waren opgeschoten, besloten ze eerst eens te gaan eten.

Ze zochten dood hout in het struikgewas en plukten meteen ook handenvol heerlijke wilde frambozen.

Toen ze voldoende brandhout hadden, maakte Bertus op de stenen vloer van de molen een kleine stapel, waarboven ze de koffieketel ophingen aan drie lange takken, die bij de top waren samengebonden.

Al snel knetterden de vlammen. De jongens gingen er maar niet te dichtbij zitten: ze waren al warm genoeg. Gelukkig waren er wel koelere plaatsen in de grote, halfdonkere molenruimte.

Tante Leen had de werkers genoeg brood en andere lekkere hapjes meegegeven. Ze dronken er koffie bij en genoten van de gezellige picknick. Snuf smulde van zijn eigen overvloedige portie.

Na afloop bleven ze nog een poosje voldaan en verzadigd liggen luieren, tot ze heel in de verte een vaag gerommel hoorden. Bertus sprong het eerst op. 'Dat is de donder! Als we onweer krijgen en regen wordt het hooi nat. Dat mag niet!'

Meteen sprongen ze allemaal overeind. Ze holden naar de harken en vorken en werkten nog harder dan daarvoor.

Het bleef broeierig warm. De hemel was niet helder blauw, maar grijswit. Zo nu en dan rommelde het heel zwak ergens in het zuiden, maar het geluid kwam niet dichterbij en het bleef droog.

Eindelijk hadden ze de hele voorraad hooi vlak bij de oever liggen en konden ze alles in de praam laden.

Toen dat klaar was, stonden ze hijgend van inspanning aan de wal. Ze hadden nog graag een poosje willen zwemmen en wilden ook de molen beklimmen, maar het dreigde nog steeds te gaan onweren en regenen. Aarzelend keken ze naar de lucht.

Tom hakte de knoop door.

'Ik vertrouw het niet! We brengen eerst het hooi naar de boerderij. Dan komt het waarschijnlijk nog wel droog binnen. En dan, als het niet gaat onweren, gaan we na het avondeten weer hierheen om te zwemmen en de molen eens goed te bekijken. Afgesproken?'

De anderen knikten. Alleen Dick was bang dat hij 's avonds niet meer mee zou mogen, maar zijn vrienden verzekerden hem dat zij daar wel iets op zouden bedenken.

De terugreis was niet gemakkelijk. Ze moesten met de hoog beladen praam tegen de stroom in varen. Duwend en zwetend, terwijl ze elkaar steeds afwisselden met de vaarbomen, zwoegden ze verder. Nog steeds dreigden het onweer en de regen.

Ze waren blij toen ze bij de plek kwamen waar ze moesten aanleggen. Oom Kees had hen blijkbaar al zien aankomen en stond hen met de wagen op te wachten. Een klein halfuur later was het hooi binnen. De jongens hadden zich gewassen en tante Leen was bijna klaar met de maaltijd.

Tom fietste vlug naar het huis van mevrouw Brandt. Hij vroeg of Dick op de boerderij mocht blijven eten en ook 's avonds bij hen mocht blijven.

Mevrouw Brandt vond het gelukkig goed.

Ze hadden een gezellige maaltijd en praatten honderduit over van alles en nog wat. Vooral Dick genoot geweldig.

Toen ze na het avondeten nog even naar buiten liepen, bleek het nog steeds drukkend warm te zijn. Maar het verre gerommel was niet meer hoorbaar.

'Zou er geen onweer komen, oom Kees?' vroeg Tom.

De boer haalde zijn schouders op.

'Daar is weinig van te zeggen. Ergens is al een bui geweest, die ons voorbij is getrokken, maar met dit broeierige weer kan het zomaar weer losbarsten.'

'We wilden eigenlijk nog een eind gaan fietsen,' bekende Tom.

'Dat kan nog wel. Als jullie de lucht maar in de gaten houden en op tijd terugkomen. En als het onweer jullie overvalt, ga dan in een huis schuilen, maar niet onder een boom, want dat is levensgevaarlijk met die bliksem.'

Tom knikte. Even later reden de jongens samen weg.

Hun echte bedoeling had Tom niet verteld. Niet aan Dicks moeder en ook niet aan oom Kees. Want ze waren van plan bij het eiland te gaan zwemmen en vervolgens de molen te beklimmen. Tom was een beetje bang geweest dat ze misschien bezwaar tegen dit plan zouden hebben. Toch had hij er een vreemd gevoel bij. Hij probeerde zichzelf gerust te stellen met de gedachte dat ze heel goed zouden opletten en meteen terug zouden gaan als er onweer dreigde.

Langs dit deel van het riviertje liep een smal fietspad. Ze moesten achter elkaar rijden. Snuf, die het op zijn vier poten wel afkon, was meteen voorop gaan lopen en draafde nu vrolijk voor hen uit.

Toen ze halverwege waren, zagen ze in de verte een fietser aankomen. Eerst letten ze daar nauwelijks op, maar toen de man dichterbij kwam, riep Tom, die vooraan reed, verschrikt: 'Dat is lange Lubbert!'

De grote, brede gestalte die naderde was inderdaad Doerakker. Hij reed in een rustig tempo, maar dat werd anders toen hij blijkbaar opeens ontdekte wie hem tegemoetkwamen. Hij ging meteen breeduit midden op het smalle fietspad rijden en begon hard te trappen. De jongens moesten haastig uitwijken naar de hobbelige grasberm om een botsing te voorkomen.

Ook Snuf was opzij gesprongen. Hij gromde woest naar de kerel die hen met een botte grijns op zijn gezicht voorbij stormde. Gelukkig was Nero er niet bij, zodat een gevecht werd voorkomen.

'Wat een schoft!' riep Bertus kwaad. De anderen waren het met hem eens en uitten luid hun verontwaardiging. Ze waren afgestapt en keken lange Lubbert na, die nog steeds een flinke vaart had. Tom was de eerste die tot bedaren kwam.

'Laten we maar gauw verder rijden en lekker gaan zwemmen. Die gemene kerel zal onze avond niet bederven.'

Ze stapten op en vervolgden hun weg. Ondanks zijn kalmerende woorden bleven Toms gedachten wel degelijk met lange Lubbert bezig. Hij vroeg zich af wat die vent hier nu weer had te zoeken, maar kon het antwoord op die vraag niet vinden.

Bij een bocht van het pad keek hij nog eens om. Doerakker was nergens meer te bekennen. Hij moest wel heel hard gereden hebben. Of stond hij misschien in de verte ergens achter een bosje naar hen te loeren? Kom, niet meer piekeren! Hij wilde hun avond niet door die kerel laten bederven.

Even later waren ze bij de zwemplek, tegenover het moleneiland. Ze legden hun fietsen neer, kleedden zich vlug uit en trokken hun zwembroek aan.

Tom kreeg een inval: 'Laten we onze kleren aan de overkant op het eiland neerleggen. Daar liggen ze veiliger als wij straks in de molen zijn.' Zijn vrienden knikten.

Niemand vroeg wie hun kleren zou kunnen meenemen en niemand noemde een naam, maar ze dachten allemaal aan dezelfde.

Met hun kleren en schoenen boven hun hoofd waadden ze door het water dat in het midden van het riviertje bijna tot hun schouders reikte. Aan de overkant legden ze hun spullen neer. Ze konden er gerust op zijn dat ze hier veilig waren.

Het werd toch nog een heel fijne zwempartij. Het frisse, heldere water spoelde alle zorgelijke gedachten weg. Snuf apporteerde stukken hout die ze in het riviertje gooiden, maakte zo nu en dan een dol rondje over het eiland en drong soms diep in het struikgewas door, waar vogels verschrikt opvlogen.

Dick demonstreerde vol trots zijn vorderingen in de zwemkunst. Hij had de hulp van zijn vrienden nauwelijks meer nodig, al bleven die wel zorgvuldig op hem letten.

Ze maakten het niet al te laat. Voor het donker werd wilden ze de molen nog van binnen bekijken. Terwijl ze zich afdroogden keek Bertus een paar keer een beetje ongerust naar de lucht.

In het zuidwesten was een wolkenbank komen opzetten, die zo nu en dan zwavelgeel oplichtte. Ver weg zat een nieuwe onweersbui, maar hij scheen nauwelijks van plaats te veranderen.

Zodra ze droog genoeg waren, holden ze naar de molen. Ze deden de deuren helemaal open. Toch bleef het binnen een beetje schemerig. Ze zouden op moeten schieten, want de laaghangende zon ging nu helemaal schuil achter de wolken.

Karel, de molenaarszoon, was de eerste die de gammele ladder beklom. Hij ging behoedzaam te werk, want sommige sporten waren halfvergaan. Zonder ongelukken bereikte hij het openstaande luik waar de ladder eindigde. De anderen volgden een voor een en kwamen ook ongedeerd boven. Alleen Snuf bleef, verongelijkt blaffend, beneden wachten.

Op de molenzolder keken ze nieuwsgierig om zich heen. In de ronde wand zaten drie raampjes, waar voldoende licht door naar binnen viel om alles te kunnen zien.

Tot hun verbazing zagen ze dat midden in het vertrek een oud tafeltje stond en twee stoelen met biezen matten. Bij de wand lagen twee strozakken en resten van een paar oude dekens.

'Hier hebben mensen gewoond,' zei Karel verwonderd. Over de tafel lag een kleed. Tom trok het weg. Tot zijn verbazing zag hij dat in het houten tafelblad met een mes letters waren ingekerfd. Ze waren nog duidelijk leesbaar. Er stond: NEDERLAND ZAL HERRIJZEN!

'Kijk eens, jongens,' zei Tom zacht. Hij wees naar de letters. Nu zagen de anderen het ook.

Tom trok zelf de conclusie. 'Dat moet in de bezettingstijd zijn gedaan, toen de Duitsers hier de baas waren en iedereen hoopte op de bevrijding van ons land. Misschien hebben hier toen onderduikers gezeten of verzetsmensen.'

Zo was het waarschijnlijk gegaan. Ze bekeken de cirkelvormige kamer opeens met heel andere ogen. Vooral Dick. Hij dacht aan zijn vader. Wie weet... Het weerlichtte. De felle gloed drong door de raampjes naar binnen. Even later was ook de donder duidelijk hoorbaar. De bui moest een heel stuk dichterbij zijn gekomen.

'We moeten opschieten!' zei Tom geschrokken. 'Snel nog even naar de kap en dan weg!'

Er was een houten trap met stevige, vlakke treden, die naar de kap leidde; heel wat makkelijker en minder gevaarlijk dan de onderste gammele ladder.

De ruimte in de nok was vrij klein, maar een paar raampjes boden een enorm uitzicht over de omgeving. Ze konden het dorp zien liggen, het Eksternest, de boerderij van de familie Visscher en alle wegen en paden in de omtrek.

'Dit moet in de bezettingstijd een perfecte schuilplaats zijn geweest,' zei Tom nadenkend. 'Dit eiland is bijna onbereikbaar en als er ooit een overval dreigde, kon je de vijand al in de verte zien aankomen.'

Zijn woorden werden gevolgd door een felle bliksemschicht en een paar tellen later door dreunende donder. In de lucht klonk een eigenaardig suizen. De eerste grote waterdruppels sloegen tegen de raampjes.

'Onze kleren worden kletsnat!' riep Karel. Ze haastten zich naar beneden, kwaad op zichzelf, omdat ze zich nu toch door de bui hadden laten verrassen. Toen ze tenslotte buitenkwamen, stortregende het al.

Het was plotseling schemerdonker geworden. Telkens flitste de bliksem, een fractie van een seconde stond alles in een blauwwitte gloed. Het halfdonker leek daarna nog grauwer.

Ze holden door de regen naar de oever waar hun kleren lagen, terwijl Snuf opgewonden blaffend naast hen meesprong. Binnen een minuut waren ze terug in de bescherming van de molen, waar ze de al bijna doorweekte kleren op de grond uitspreiden.

Een ding was duidelijk: ze zouden moeten wachten tot de zware bui voorbij was. In dit noodweer konden ze onmogelijk terugfietsen.

Terwijl vuurflitsen en waterstralen geweldig tekeergingen, sloten ze de molendeuren en wachtten tot het droog zou worden.

In de molen was het pikdonker. Ook door de raampjes kwam geen licht meer, behalve als de bliksem alles in een felle gloed zette. Het onweer was nu vlak boven hen. De ratelende donder volgde bijna onmiddellijk op elke bliksemschicht.

De vier vrienden zaten heel stil en onder de indruk naast elkaar op de grond. Echt bang waren ze niet, maar het noodweer vervulde hen toch wel met ontzag.

Tom streelde zijn hond, die vlak naast hem zat, maar zijn gedachten waren er niet bij. Hij dacht aan oom Kees en tante Leen. Die zouden wel erg ongerust zijn. Het was misschien niet slim van hem dat hij het doel van hun tocht voor hen had verzwegen...

Weer zo'n vuurflits. Heel even kon Tom zijn vrienden duidelijk zien. Ze zagen er bleek uit. Nou ja, hij zou er zelf ook wel niet zo erg fleurig uitzien. Ze waren wel degelijk in gevaar. De molen stak hoog boven de hele omgeving uit. Als de bliksem insloeg...

In zijn hart bad hij God om bescherming.

Het duurde lang voordat het onweer minder werd. Eindelijk zat er wat meer tijd tussen de bliksemstralen en de daarop volgende donderslagen. De regen stroomde nog steeds, maar werd langzaam ook wat minder. De minuten leken eindeloos. Pas toen de ergste spanning voorbij was, begonnen de jongens onderling zacht te praten. 'Het kan de halve nacht doorregenen,' zei Bertus, die aan zijn natte kleren voelde. 'Onze spullen zijn bij die eerste stortbui toch al behoorlijk nat geworden. We moeten maar naar huis gaan, zodra het kan.'

De anderen waren het helemaal met hem eens, vooral Dick, die aan zijn moeder dacht. Als zij precies wist wat er was gebeurd, zou hij misschien niet langer met zijn nieuwe vrienden mogen optrekken...

Karel deed de molendeur open. Het regende harder dan ze hadden gedacht. Zo konden ze niet gaan. Met de deur open bleven ze vol ongeduld wachten. In het noordoosten weerlichtte het telkens aan de nachtzwarte hemel, maar het rommelen van de donder klonk nu van ver. Heel langzaam minderde het ruisen van de regen, maar droog werd het niet. Na nog een kwartier wachten, besloten ze het erop te wagen. Ze raapten hun kleren bij elkaar en holden in het donker over het grasveld naar het riviertje. De grond sopte onder hun voeten.

Bij de waterkant werd het oppassen. Heel voorzichtig, met hun kleren boven hun hoofd stapten ze in de stroom en waadden behoedzaam naar de overkant. Een beetje griezelig was het wel. Tom zorgde dat hij vlak bij Dick bleef, die in het midden nauwelijks zijn neus boven water kon houden.

Alles ging goed. Op de andere oever stond Snuf, die alles veel sneller kon, hen vrolijk blaffend op te wachten.

Ze droogden zich af met hun badhanddoeken, maar veel hielp het niet. Toen ze aangekleed waren, voelden ze zich nogal onprettig in hun klamme kleren. Hun fietsen lagen er nog. Ze stapten op en reden weg. De dunne regenstralen glinsterden zwak in het licht van de fietslampen.

De stemming was een beetje gedrukt. Snuf was de enige die de moed er nog inhield.

Na een halve kilometer begon Toms achterwiel plotseling te hobbelen. Hij reed nog een meter verder, maar moest toen afstappen. De anderen deden hetzelfde.

'Lekke band,' constateerde Tom mistroostig. Terwijl ze in het donker bij elkaar stonden, hoorde Karel de voorband van zijn fiets ook sissend leeglopen.

'Dat is toch gek!' zei Bertus verbluft en verontwaardigd. Hij tilde zijn fiets op, draaide het voorwiel snel rond en bescheen het fietspad met zijn voorlicht. Dat bleek op de plek waar ze stonden dichtbezaaid te zijn met spijkertjes en glassplinters.

'Wat een gemene streek! Dat is... Dat moet Doerakker gedaan hebben.' De jongens schreeuwden in hun verontwaardiging door elkaar heen.

Er was geen twijfel mogelijk: dit was met opzet gedaan. Het moest gebeurd zijn nadat ze hier op de heenweg langs waren gekomen, en al hadden de jongens geen bewijs, ze dachten allemaal aan dezelfde man als de dader.

Daar schoten ze overigens weinig mee op. In de druilerige regen blijven staan hielp ook al niet. 'Rijden jullie maar door, wij komen wel,' zei Tom tegen Bertus en Dick, maar die voelden daar niets voor. Na wat heen en weer praten, besloten ze dat ze het laatste stuk samen zouden lopen. Met de fietsen aan de hand sjokten ze verder, doorweekt van de regen en spinnijdig op lange Lubbert, die dit waarschijnlijk op zijn geweten had. Ze vrolijkten weer een beetje op toen ze tenslotte de verlichte ramen van de boerderij zagen.

Een kwartier later bereikten ze het erf. Oom Kees en tante Leen waren erg blij toen ze de laatkomers zagen. Ze waren de hele avond ongerust geweest.

De jongens moesten opbiechten wat er was gebeurd. Dat deden ze ook. Tom, die het woord deed, vertelde dat ze hadden gezwommen en vervolgens de oude molen hadden bekeken, waarbij ze door het onweer waren overvallen. Ook de pech met de lekke banden en de door een onbekende gestrooide kopspijkers kwam ter sprake.

Oom Kees en tante Leen vonden het een gemene streek en vroegen zich af wie zoiets kon hebben gedaan, maar de jongens noemden geen naam. Ze hadden tenslotte geen bewijzen en als ze over Doerakker begonnen, zouden ze een heel verhaal moeten afsteken. Daar voelden ze weinig voor.

Tante Leen had hete melk voor het viertal ingeschonken om ze van binnen weer wat warm te krijgen. Daarna zouden ze zo snel mogelijk naar bed moeten.

Eerst moest Dick nog worden thuisgebracht. Tom ging met hem mee op de fiets van Bertus.

Een gemakkelijke opdracht was het niet. Mevrouw Brandt had heel wat angsten uitgestaan en was erg van streek toen haar zoon ten slotte druipnat kwam opdagen.

Het was maar goed dat Tom was meegekomen. In hem had Dicks moeder nogal wat vertrouwen, maar toch moest Tom praten als Brugman om haar gerust te stellen. Toen dat uiteindelijk gelukt was, slaakten Tom en Dick allebei een zucht van verlichting. Vooral Dick was bang geweest dat hij niet meer met zijn nieuwe vrienden zou mogen omgaan.

Terwijl Dick snel naar bed ging, fietste Tom opgelucht terug naar het Eksternest.

Zijn vrienden bleken al in bed te liggen. Tien minuten later was Tom ook zover.

Onder de dekens lag hij nog een poosje klaarwakker na te denken. Hij liet alles wat er deze dag was gebeurd in gedachten voorbijgaan.

Ze hadden heel wat beleefd, al waren ze dan niet verder gekomen met het onderzoek naar de kostbaarheden die Dicks vader ergens had verborgen.

Niet verder... of toch wel? Er was iets met die oude molen.

Hadden daar in oorlogstijd onderduikers gezeten?

Hoe kwam het dat lange Lubbert daar ook net had gereden?

En waarom had die kerel achteraf spijkertjes en glas gestrooid? Wilde hij hen afschrikken, zodat ze die kant niet meer zouden opgaan? Wat wist Doerakker dat zij niet wisten?

Tom was moe en kon toch de slaap niet vatten. Er was iets, halfbewust op de achtergrond van zijn gedachten, dat hij zich probeerde te herinneren. Het moest iets belangrijks zijn... maar wat? Zijn gedachten dwaalden af naar het zware onweer van vanavond. Hij was toch wel bang geweest daar in de pikdonkere molen. God had hen bewaard.

Langzaam sukkelde hij in slaap. Beelden van herinnering gleden aan hem voorbij. Hij zat weer op de grond met Snuf naast zich, terwijl buiten het noodweer raasde.

Net op de grens van waken en slapen was het alsof er een bliksemschicht opflitste die het inwendige van de molen helder deed oplichten. In die fractie van een seconde was het er weer: iets in de molen, dat anders was dan de rest. Hij deed nog een laatste poging om te bedenken wat het was. Het lukte niet. Hij viel in slaap, maar vreemde dromen bleven hem achtervolgen.

9
Het geheime dagboek

De volgende dag was het zondag. Omdat de fietsbanden nog niet weer waren geplakt besloten ze deze keer lopend naar de kerk te gaan. Het was een wandeling van een klein halfuur, maar dat vonden ze niet erg.

Het werd een mooi tochtje. Het regende niet meer en de broeierige warmte van de afgelopen dagen was verdwenen. Het waaide nog wel hard.

De jongens genoten. Oom Kees leidde hen langs een pad door het veld, dat ze nog niet kenden. Onderweg wist hij van alles over de omgeving te vertellen.

Vooral Tom genoot. De dromen van de afgelopen nacht hadden eerst nog nagespookt in zijn hoofd, al kon hij zich niet goed meer herinneren wat hij nu precies had gedroomd. Nu leek de frisse wind alle resten van de nachtmerrie weg te blazen, terwijl de verhalen van oom Kees hen allemaal in een vrolijke stemming brachten.

In de kerk deed hij erg zijn best om zijn aandacht bij de preek te houden. Dat lukte eerst vrij goed, al was het soms wat moeilijk als zijn blik afdwaalde. Hij zag mevrouw Brandt en Dick zitten en in de zijbank zat de familie Visscher.

De oude boerin was er zelf ook bij. Ze keek aandachtig naar de dominee, maar één keer keek ze in de richting waar Tom en zijn vrienden zaten. Hij kreeg de indruk dat er op dat moment iets straks en afkeurends in haar blik kwam. Hij schrok ervan. Zou ze boos op hen zijn, omdat ze zaterdag niet waren teruggekomen zoals de afspraak was? Kom, hij wilde zich niet langer laten afleiden, maar met aandacht gaan luisteren.

Nu hij opnieuw zijn best deed, lukte het beter.

Na de kerkdienst volgden ze weer een ander pad. Het waaide nog steeds hard, maar de zon had de meeste wolken verdreven. Al het groen was heerlijk fris na de regen van de vorige avond. Oom Kees voorspelde dat het weer mooi weer zou worden.

Thuis wachtte tante Leen met koffie en daarna was er een heerlijk zondagsmaal.

's Middags gingen ze opnieuw naar de kerk en 's avonds deden ze spelletjes. Ze hadden er eerst over gedacht Dick ook op te halen, maar uiteindelijk hadden ze dat toch niet gedaan. Het was misschien beter even te wachten na hun belevenissen van de vorige dag.

Aan het eind van de avond maakten ze nog een wandeling met Snuf. De volle maan stond aan de nachthemel en wierp een toverachtig licht over het landschap. Het was nauwelijks te begrijpen dat het de vorige avond zulk noodweer was geweest.

Dankbaar en voldaan gingen ze ten slotte naar bed. Ze hadden een fijne zondag gehad, waren weer helemaal bekomen van het natte onweersavontuur en ze waren meer dan ooit van plan om lange Lubbert te slim af te zijn en de verborgen kostbaarheden op te sporen.

's Maandags waren ze al vroeg op. Er was van alles te doen: helpen bij het melken, de kippen voeren, de beesten in de 'dierentuin' verzorgen en ten slotte ook nog de lekke banden plakken.

Toen ze al die karweitjes hadden gedaan was het al middag.

Na het eten fietsten ze eerst naar de plek waar ze de lekke banden hadden gekregen. Het pad lag bezaaid met spijkertjes en glassplinters.

Ze zochten alles zorgvuldig op om te voorkomen dat nog iemand een lekke band zou krijgen. Het was een heel werk en hun mening over Doerakker werd er bepaald niet gunstiger op.

Het werd langzamerhand tijd om te gaan zwemmen. Ze moesten Dick halen, maar eigenlijk zagen ze er een beetje tegenop. Zouden ze nog een bestraffende toespraak van zijn moeder moeten aanhoren?

Dat viel erg mee. Mevrouw Brandt ontving hen vriendelijk en praatte niet meer over de gebeurtenissen van zaterdag. Wel zei ze met wat meer nadruk dan anders dat Dick niet al te laat thuis moest komen, wat de jongens braaf beloofden.

Opgelucht fietsten ze weg.

Deze keer gingen ze weer op de oude plek zwemmen, niet zo heel ver van de boerderij van de familie Visscher.

Dick demonstreerde vol trots zijn vorderingen. Hij kon nu al zonder hulp naar de overkant van het riviertje zwemmen en ook weer terug. Zijn vrienden prezen hem uitbundig, al bleven ze tijdens zijn zwem- en duikoefeningen uit voorzorg steeds dicht bij hem in de buurt. Gelukkig had Dick dat niet in de gaten. Hij genoot volop.

Na de zwempartij werd het al gauw tijd om naar de boerderij van Visscher te gaan. Ze hadden het zo gepland, dat ze er met melktijd zouden aankomen. Dan was de kans groot dat ze de oude boerin alleen zouden aantreffen.

Het kwam precies zo uit als ze hadden gedacht. Mevrouw Visscher was inderdaad alleen. Ze deed de deur open en keek met haar doordringende ogen de jongens opmerkzaam aan.

'Zo, zijn jullie daar! Ik dacht dat we voor zaterdag hadden afgesproken.'

Tom, die weer als woordvoerder zou optreden, had in gedachten al een verontschuldiging voorbereid, maar de blik van de boerin bracht hem in de war. Hij begon te hakkelen.

'Eigenlijk wel, maarruh... er was wat anders.'

'Dat is dan jammer,' zei de oude dame droog. 'Ik houd niet erg van mensen waar je niet van op aan kunt.'

Het leek wel alsof ze de deur voor hun neus dicht zou doen. De angst dat dit zou gebeuren maakte Tom opeens welsprekend. Snel vertelde hij dat ze zaterdag in opdracht van oom Kees hooi hadden binnengehaald dat door de regen werd bedreigd en dat ze daardoor tot hun grote spijt onmogelijk konden komen.

Dat hielp. Het gezicht van mevrouw Visscher klaarde meteen op. Ze deed de deur helemaal open en liet hen binnenkomen.

Even later zaten ze op hun oude plek in dezelfde kamer als de vorige keer.

Terwijl de boerin voor hen allemaal een glas heerlijke karnemelk inschonk, vertelde Tom uitvoerig wat ze zaterdag hadden beleefd: de ontmoeting met Doerakker, hun ontdekkingen in de oude molen, het onweer, de terugreis en de opzettelijk veroorzaakte bandenpech.

Mevrouw Visscher was een oplettende luisteraar. Toen Tom klaar was met zijn verhaal knikte ze waarderend.

'Jullie zijn goede speurders! Je hebt iets ontdekt wat de meeste mensen uit het dorp zelfs nu nog niet weten. Ik zou het jullie wel hebben verteld, maar de vorige keer was ik nog niet zover gekomen.

Het zit zo: in de verzetsgroep van Dicks vader was een kleine kern die de plannen uitdacht en volledig op de hoogte was. Die kern bestond uit vijf mensen: Dicks vader, die als verzetsman Frank werd genoemd, mijn zoon, die onder de schuilnaam Leonard werkte en nog drie anderen. Van die laatste drie is er nog één in leven, maar hij woont nu in een ander deel van het land.

De overige illegale werkers kregen alleen te horen wat ze moesten weten om bepaalde acties uit te voeren. Dat werd allemaal uit veiligheidsoverwegingen gedaan. Wie niet veel wist, kon ook weinig vertellen als hij door de vijand werd gearresteerd en gemarteld om hem geheimen af te persen.

Nou, die kleinere kern had een geheim hoofdkwartier: de oude molen. Die was ook toen al heel moeilijk te bereiken, maar mijn zoon kende een smal slingerpaadje door het riet van de oude rivierbedding, en verder kon je natuurlijk ook altijd met een bootje oversteken.

Vanuit de nok van de molen konden ze overdag elke overvaller van kilometers ver zien aankomen. Maar er kwam nooit iemand op die plek. Ouwe Dijkman – de vader van oom Kees – had dat stukje grond nog niet gepacht: het was een totaal verwaarloosde hoek.

In de molen zat toen nog een soort wenteltrap die tot de eerste zolder reikte. Die houten trap hebben mijn zoon en zijn vrienden er uitgebroken. Ze zetten er een ladder voor in de plaats. Die ladder kon helemaal worden opgetrokken als ze boven waren. Het luik werd dan gesloten.

Een poosje hebben op die eerste zolder ook onderduikers gezeten. Een van hen moet die spreuk in het tafelblad hebben gesneden. Niet erg verstandig, want je moest voor de vijand geen sporen achterlaten...

Later zijn die onderduikers naar een andere plaats overgebracht: het was te lastig om ze regelmatig eten en drinken te brengen. Dat zou vroeg of laat zijn opgevallen.

Weinig mensen weten van deze dingen. Dat ik het weet, komt omdat mijn zoon heel weinig geheimen voor mij had. Het was mijn liefste kind en ik moest hem altijd troosten en raad geven. Nee, hij heeft mij niet over elke actie verteld die de groep ging ondernemen. Dat zou ook onverstandig zijn geweest. Maar het geheim van de oude molen kende ik wel.'

'Zou Doerakker er ook van weten?' vroeg Dick.

'Misschien. Als hij overal rondvraagt, kan hij iemand treffen die wat weet en hem erover vertelt.'

Tom zat op een vraag te broeden. Hij durfde er eigenlijk niet goed mee voor de dag te komen, maar waagde het ten slotte toch.

'Heeft... heeft uw zoon u niet verteld waar ze samen de voorraden uit de goudsmidwinkel van meneer Brandt hebben verstopt?'

Hij kreeg een kleur toen hij de woorden had gezegd, maar de boerin werd helemaal niet boos. Ze schudde het hoofd en antwoordde: 'Als dat zo was, zou ik het allang aan Dicks moeder hebben verteld! Ik was in veel dingen de vertrouweling van Arend (mijn man leefde toen al niet meer), maar andermans geheimen vertelde hij niet door.'

'Kan het in de molen zijn geweest?'

'Ik weet het niet. Er waren zoveel mogelijkheden. Het is zoeken naar een speld in een hooiberg. En wat die oude molen betreft, die is met-een na de bevrijding grondig doorzocht, maar er werd niets gevon-den.'

Even zweeg de oude vrouw. Toen zei ze: 'Ik zal jullie iets laten zien. Iets wat voor mij een heel kostbaar bezit is. Ik heb het pas sinds kort in handen.'

Ze liep naar een heel groot ouderwets kabinet dat langs de muur stond. Met een sleutel opende ze een paar vleugeldeuren en vervolgens met een andere sleutel het slot van een laatje dat ze opentrok.

Daaruit haalde ze een notitieboek met een zwarte omslag. Een deel van de bladzijden was beschreven.

Haar stem trilde een beetje toen ze weer begon te praten.

'Het kamertje dat van Arend was, hebben we al deze jaren precies zo gelaten als toen hij nog leefde. Ik zit er graag eens om aan vroeger te denken. Een oud mens leeft nu eenmaal veel in het verleden.

Een paar weken geleden nam ik zijn schrijfbureau eens onderhan-den om het goed schoon te maken en in de was te zetten. Toen ont-dekte ik aan de onderkant van het schrijfblad een verborgen knopje.

Ik drukte erop en meteen ging op een andere plek een klein, geheim laatje open, waarvan ik het bestaan niet wist. Mijn zoon moet het er zelf hebben gemaakt. Hij was heel handig.

Dit boekje lag in de la. Het was een dagboek waarmee hij in de bezettingstijd is begonnen. Hij had alleen dingen genoteerd die hem erg hadden aangegrepen. Het zijn vooral korte aantekeningen en voor zover het over het werk van de verzetsgroep gaat, gebruikte hij nooit de echte namen van zijn vrienden, maar alleen hun schuilnamen.

Terwijl ze Dick doordringend aankeek vervolgde de boerin: 'Mijn zoon had als schuilnaam Leonard. Weet jij nog hoe jouw vader werd genoemd?'

Dick slikte zenuwachtig, maar het antwoord wist hij: 'Zijn verzetsnaam was Frank.'

'Precies! Nu, over die Frank gaat het op de laatste beschreven bladzij van dit aantekenboek. Na die tijd heeft Arend geen zin of tijd meer gehad om nog nieuwe notities te maken en vervolgens is hij zelf door de vijand doodgeschoten.'

De jongens durfden niets te zeggen, al waren ze erg benieuwd wat er op die laatste bladzijde stond.

Na een poosje had mevrouw Visscher haar emoties weer bedwongen. Ze legde het boekje geopend op de tafel en wenkte de vier luisteraars.

'Kom zelf maar eens meelezen wat er staat.'

De jongens gingen links en rechts om haar heen staan en lazen met haar mee. Het papier was met een krachtig handschrift beschreven. Dit stond er:

> *Vandaag is er iets vreselijks gebeurd. Frank is opgepakt! Ik ben er kapot van. Hij is mijn beste vriend en zijn moed leek geen grenzen te kennen.*
>
> *We zullen zonder hem verder moeten, al weet ik nauwelijks hoe we dat moeten doen. Ik hoop en bid dat Frank de gevangenschap zal overleven. Zijn belangrijkste kostbaarheden hebben we nog net op tijd kunnen verbergen, tot woede van de vijand. Ze zullen eenmaal in Vrijheid weer aan het licht komen.*
>
> *Moge God voor zijn vrouw en kind zorgen.*

Zwijgend en diep onder de indruk keken de jongens elkaar aan. Dick had een brok in zijn keel.

De boerin begreep dat hij het moeilijk had. Ze keek hem vriendelijk aan en zei zacht: 'Ik wilde dit ook aan je moeder laten zien, maar het is er nog niet van gekomen. Ik heb dit boekje nog maar heel kort in mijn bezit.

Je ziet, ze hebben die kostbaarheden veilig opgeborgen, maar waar, dat staat er nu net niet bij.'

Ze praatten nog een poosje. Toen namen de jongens afscheid met de belofte nog eens terug te zullen komen.

Onderweg praatten ze nog wat na. Alleen Tom was zwijgzaam en verstrooid, alsof er iets was wat hem bezighield.

10
Het raadsel opgelost

De nieuwe dag bracht mooi zomerweer. Tom en zijn vrienden waren redelijk vroeg opgestaan. Elke morgen waren er op en om de boerderij vaste karweitjes die voor hun rekening kwamen. Daar gingen ze ook nu meteen na het ontbijt aan beginnen. Toen ze bijna klaar waren, kwam oom Kees op hen toelopen.

'Jongens, ik moet nogal wat spullen uit het dorp hebben. Ik heb er een lijstje van gemaakt. Willen jullie die voor mij halen? Je kunt Archibald voor de wagen spannen.'

'Graag, oom!' zei Bertus, terwijl hij het papier met bestellingen aanpakte. 'Tjonge, dat is een hele voorraad! Kunnen we het in één keer meenemen?'

'O, de ezelwagen is groot genoeg en Archibald is sterker dan je denkt. Wat ik zeggen wilde: laat alles maar op de rekening zetten. Ik kom deze week zelf nog wel in het dorp om te betalen.'

Oom Kees ging weer aan het werk. De jongens haalden de kar en spanden Archibald ervoor.

'Zullen we Dick ook ophalen?' vroeg Karel.

'Hij zal het vast leuk vinden, zo'n ritje, vooral als hij zelf een stuk mag mennen,' dacht Bertus. 'Maar vier man op de wagen, plus al die vracht, dat wordt wel zwaar voor de ezel.'

'Gaan jullie maar, ik blijf wel thuis.' Het was Tom die het zei. De anderen keken hem een beetje verbaasd aan. Ze waren er zo aan gewend in de vakantie altijd samen op te trekken...

'Ga maar gerust,' hield Tom aan. 'Dick kan dan mijn plaats innemen. Ik moet hoog nodig mijn brief aan thuis afmaken. Ik ben er al een week aan bezig. Snuf houdt me wel gezelschap.'

Bertus en Karel lieten zich overtuigen. Ze hadden Snuf wel graag willen meenemen, maar tenslotte was het de hond van Tom, en die mocht ook best wat gezelschap hebben. Ze stapten op de wagen, zwaaiden nog een groet en reden vrolijk weg.

Tom keek hen opgelucht na. Het was gelukt. De hele morgen had hij er al over gepiekerd hoe hij zijn goede vrienden, waar hij anders altijd graag mee optrok, een poosje kwijt zou kunnen raken. Hij had een plannetje dat hij alleen met Snuf wilde uitvoeren. Nu was er een onverwachte kans gekomen, die hij spontaan had aangegrepen.

Wat hij over de brief naar huis had verteld was waar, maar die brief was al bijna helemaal af. Hij kon er in een paar minuten mee klaar zijn.

Toen de ezelwagen uit het zicht was, ging Tom naar de grote logeerkamer. Hij pakte de brief, schreef vlug de slotzinnen, schreef het adres op de envelop en plakte er een postzegel op. Toen holde hij naar beneden.

'Tante Leen, ik ga een brief posten en nog een paar dingen doen. Tot straks!'

Hij riep de woorden bij de keukendeur, wachtte niet op antwoord, maar liep meteen naar buiten, waar Snuf gelijk op hem af kwam. Hij had wel zin in een uitstapje.

Even later fietste hij in een rustig tempo weg.

Meestal brachten de jongens hun brieven en kaarten naar het postkantoor, waar ze het snelst werden behandeld. Maar Tom was dit keer niet van plan naar het dorp te gaan. Hij zou daar misschien zijn vrienden tegenkomen en bovendien had hij iets heel anders in zijn hoofd. Daarom reed hij de andere kant op, naar een brievenbus die in de buurt van de camping stond.

Toen hij de brief daar had gepost, ging hij niet naar de boerderij terug. Hij fietste verder, naar de dichtstbijzijnde brug over het riviertje.

Tom was van plan een bezoek aan de molen te brengen, maar hij wilde niet dat de anderen dat wisten.

Daarom volgde hij een ongewone route, langs de overkant van het water. Daar liep een weg die hem in de goede richting bracht, zonder dat de bewoners van het Eksternest hem zouden zien.

Het was wel een omweg en hij liep gevaar bij de uitvoering van zijn

De jongen stond eventjes verbluft te kijken toen hij na een laatste kronkeling van het sluippaadje opeens met droge voeten aan de overkant stond. Hij had de oude doorgang teruggevonden. Of liever: Snuf had hem gevonden!

Tom voelde zich helemaal opgelucht, omdat hij zijn eerste doel had bereikt. Nu vlug verder. Hij liep naar de molen, maar ging niet naar binnen. De heldere morgenzon, die nu al hoog aan de hemel stond, liet zijn stralen vallen op de sterk beschadigde en gedeeltelijk weggerotte rieten dakbedekking van de oude korenmolen.

Tom stond op een paar meter afstand van de grote vleugeldeuren en tuurde met grote aandacht naar een plek hoog boven de deuren. Daar waren, misschien wel honderd jaar geleden, letters in het riet 'uitgeschoren.' Ze waren bijna een meter hoog, maar voor een deel weggesleten. Het duurde even voordat hij de naam kon ontcijferen die daar stond. Toen hij hem had gelezen, sloeg er een golf van blijdschap door hem heen. Zijn vermoeden bleek waar te zijn. Nu hij zijn vreugde met niemand anders kon delen, begon hij een poosje te stoeien met Snuf, die vol enthousiasme meedeed.

Toen ze uitgedold waren, deed Tom de haveloze molendeuren wijd open, zodat het daglicht volop naar binnen kon stromen.

In de holle ruimte was het koel en stil. Even keek hij onderzoekend rond. Er was niemand.

Hij stapte naar binnen en zag iets wits op de grond liggen. Het was een uitgetrapte sigarettenpeuk.

Zijn uitgelaten stemming was meteen verdwenen. Die peuk had er nog niet gelegen toen ze hier de vorige keer waren. Hij en zijn vrienden rookten niet. Na hun laatste bezoek aan de molen moest hier iemand anders zijn geweest.

Of was die ander er nog? Tom verbeeldde zich dat hij de tabaksrook nog kon ruiken. Hij luisterde scherp, maar hoorde niets. Toch bleef hij ongerust.

Heel voorzichtig begon hij de gammele ladder te beklimmen. Halverwege stopte hij plotseling omdat hij een sport zag die kapot was getrapt. De breuk was nieuw.

Een ogenblik bleef Tom doodstil staan. Hij twijfelde er geen moment aan wie dit had gedaan. Het was alsof hij de zware gestalte van de kerel voor zich zag...

Nog voorzichtiger, elk geluid vermijdend, klom hij hoger, tot hij zijn hoofd door het geopende luik kon steken.

Er was niemand te zien. Hij haalde opgelucht adem, werkte zich door het luik en speurde nog eens aandachtig om zich heen.

Nee, er was niemand, maar er was wel iemand geweest sinds hij en zijn vrienden hier waren vertrokken. De tafel was verschoven en ook een aantal andere dingen waren van hun plaats gehaald.

Via de houten trap klom hij nog hoger, naar de nok van de molen. Ook daar was alles leeg en stil, maar zijn oplettende ogen ontdekten sporen van sigarettenas op de vloer.

Door de kleine raampjes keek hij naar buiten.

In de diepte was Snuf op het grasveld bezig zich in zijn eentje te vermaken. Hij sprong speels in het rond, hapte naar vlinders en vliegen en ook naar zijn eigen staart en joeg hier en daar een vogel op.

Een van de kleine raampjes kon geopend worden. De scharnieren knarsten en piepten, maar het lukte toch. Tom stak zijn hoofd naar buiten en riep een paar woorden naar zijn vriend daar beneden, die meteen enthousiast en ook een beetje ongeduldig begon te blaffen.

De jongen begreep de bedoeling heel goed. 'Ik kom eraan, Snuf!' riep hij luid. Voor hij die belofte waarmaakte keek hij eerst nog eens naar alle kanten over het wijde, zomerse landschap. Er was van alles te zien, maar hij zag niets verdachts.

Nu snel naar beneden, want het allerbelangrijkste moest nog gedaan worden.

Onderin de molen had Snuf zich al aan de voet van de ladder opgesteld om op zijn baas te wachten. Hij wilde het liefst direct weer gaan stoeien, maar Tom had andere plannen. Hij liep naar de plek waar hij tijdens de geweldige onweersbui had gezeten en zakte daar op de grond neer met zijn rug tegen de muur. Even bleef hij doodstil zitten. Er was iets vreemds geweest die avond. Bij een felle bliksemschicht had hij het gezien. Wat was het?

Met zijn ellebogen op zijn opgetrokken knieën en zijn kin steunend op zijn handen, staarde hij voor zich uit. Toen werden zijn ogen opeens groot van verrassing. Hij sprong op, liep naar de overkant, bukte zich en bleef een minuut lang roerloos kijken.

De inspectie verliep naar tevredenheid. Hij ging staan, knikte nadenkend met zijn hoofd en liep naar buiten. 'Kom Snuf, we gaan! Ik geloof dat ik het raadsel heb opgelost!'

Voordat hij vertrok deed hij zorgvuldig de molendeuren dicht. Toen liep hij rechtstreeks naar de plek waar de geheime sluipgang uitkwam. Snuf wist meteen de weg door het rietmoeras te vinden en stond al triomfantelijk te blaffen aan de overkant, toen zijn baas nog maar enkele meters gevorderd was. Maar Tom riep hem niet terug. Hij wilde het deze keer alleen doen.

Dat lukte ten slotte ook, al duurde het een aantal minuten. Toen hij ten slotte weer de vaste bodem bereikte, was hij ervan overtuigd dat hij de volgende keer de weg zonder veel moeite zou kunnen vinden. Zijn fiets stond er nog zoals hij hem had achtergelaten. Hij pakte hem beet, keek nog een laatste keer achter zich, waar de oude molen als een stoere wachter op zijn post stond, en keek toen op zijn horloge. Hij schrok. Het was véél later dan hij had gedacht. De tijd was voorbij gevlogen.

Zijn vrienden waren vast allang weer thuis en zaten nu natuurlijk met zijn oom en tante koffie te drinken.

Bah, wat vervelend! Niet leuk voor tante, dat hij zo laat terugkwam en de anderen zouden het ook wel vreemd vinden. Eerst wilde hij niet mee naar het dorp, omdat hij zogenaamd geen tijd had, en vervolgens ging hij er alleen op uit om pas veel later weer terug te komen.

Natuurlijk zouden ze vragen waar hij de hele tijd had uitgehangen.

Nou ja, hij zou wel zien. Hij had voor hen allemaal een geweldige verrassing, maar daar wilde hij in elk geval vanmorgen nog niet over praten.

Hij liep door de begroeiing naar de weg, stapte op zijn fiets en ging er met een vaart vandoor. Terwijl hij hard doorreed bedacht hij hoe hij het raadsel van de geheime schuilplaats aan zijn vrienden zou onthullen.

Pas toen hij het erf van het Eksternest opreed, besefte hij met een schok van schrik en schaamte dat hij veel te hard had gereden voor Snuf. Het arme dier kwam hijgend met zijn tong uit zijn bek, aanhollen. Hij had het hoge tempo niet helemaal kunnen bijhouden, maar hij had wel zijn uiterste best gedaan.

'Arm beest. Ik was je helemaal vergeten!' zei Tom, terwijl hij de uitgeputte hond aaide. 'Kom, je krijgt wat van me en dan ga je lekker liggen uitrusten.'

Hij bracht het dier naar de grote schuur die naast het huis stond en gaf hem daar een bak met water en een portie hondenbrood. Toen deed hij de deur dicht. Er lag genoeg stro in de schuur waar Snuf op kon slapen. Toen hij in de keuken kwam, keken zijn vrienden hem een beetje spottend aan.

'Is dat niet die jongen die het te druk had om met ons mee te gaan?' vroeg Bertus. 'Heb je lekker gefietst?' voegde Karel eraan toe.

Tante Leen pakte de koffiepot. 'Er zit nog net een kopje in. Of heb je al ergens anders koffiegedronken?'

'Nee tante, echt niet. Ik wil graag een kopje. Ik heb me een beetje in de tijd vergist. Toen ik de brief had gepost ben ik nog een eind gaan fietsen. Op een gegeven moment keek ik op mijn horloge en toen was het veel later dan ik dacht. Nou, toen ben ik meteen teruggefietst. Snuf ligt er nog van te hijgen. Maar ik wilde die lekkere koffie van tante Leen niet missen. Zeg, hebben jullie Dick nog meegenomen?' Behendig probeerde Tom op een ander onderwerp over te schakelen. Dat lukte. Karel en Bertus vertelden dat Dick Archibald had gemend en het er goed van af had gebracht. Na de middag zou hij op de fiets naar de boerderij komen om met hen te gaan zwemmen.

Na de koffie ging Tom tante Leen helpen met aardappels schillen. Hij wilde graag goedmaken dat hij vanochtend laat was aangekomen. Zijn vrienden gingen zich vermaken met de beesten in de 'dieren- tuin,' waar altijd wel wat mee te beleven viel.

Toen Tom klaar was, ging hij niet meteen naar Bertus en Karel. Hij sloop naar de plek waar oom Kees allerlei gereedschap bewaarde: hamers, zagen, beitels, boren, spijkers en nog veel meer.

Zorgvuldig keurend en kiezend zocht hij een paar dingen uit die hij in zijn fietstassen stopte, waarbij hij goed oplette dat niemand zag wat hij deed. Met een tevreden gezicht ging hij vervolgens naar de beide andere jongens. Hij speelde en stoeide met hen mee, maar zijn gedachten waren bij iets anders.

Kort daarna riep tante Leen hen voor het middageten en na de maal- tijd kwam Dick al gauw aanfietsen. Ze speelden eerst nog wat bij de boerderij, omdat het beter was niet te gaan zwemmen met een volle maag.

Tom, die zo zijn eigen plannen had, wilde het liefst zo snel mogelijk vertrekken, maar dat liet hij niet merken. De anderen wilden Snuf uit de schuur halen, maar Tom zei dat zijn hond vanmorgen al te ver en vooral te hard had gehold. Hij moest vanmiddag maar bij de boerderij blijven rusten en slapen.
Een halfuur later vertrokken ze.

11
De geheime schuilplaats

Ze reden in de richting van de plek waar ze meestal zwommen, niet zo heel ver van de boerderij van de familie Visscher. Tom, die voorop fietste, nam de weg over de camping. Aan het eind van het bos sprong hij plotseling van zijn fiets. 'Stop even, jongens, ik wil jullie wat vertellen.'

Zijn vrienden stapten af. Tom deed de hele dag al een beetje vreemd. Wat zou hij nu weer hebben? Naast het bospad dat rondom dicht-begroeid was, lag een omgezaagde boomstam. Daar gingen ze op zitten.

'Ik geloof, jongens, dat ik het geheim heb opgelost en dat ik nu weet waar Dicks vader de schat heeft verborgen,' begon Tom gewichtig.

'Wat? Echt waar? Hoe weet je dat?' De jongens riepen allemaal door elkaar van opwinding.

Tom voelde zich blij en trots. Hij besloot de spanning nog een poosje te laten duren.

'Vanmorgen ben ik niet zomaar gaan fietsen. Ik ben naar de oude molen geweest. Ik had een theorie die ik nader wilde onderzoeken. Die theorie bleek te kloppen.'

In andere omstandigheden zouden zijn vrienden hem vast geplaagd hebben met zijn 'deftige' taal en met het tikje zelfingenomenheid dat erin doorklonk. Nu deden ze dat niet. Ze waren te veel onder de indruk en ze waren vreselijk nieuwsgierig.

'Nou, vertel op. Wat heb je ontdekt?' zei Bertus ongeduldig.

Tom deed zijn mond open, maar plotseling keek hij verschrikt ach-terom. Er ritselde iets in de struiken. Het volgende moment moest hij glimlachen om zijn eigen schrik. Een dikke merel, die blijkbaar in de bosjes aan het scharrelen was geweest, vloog vlak langs hen weg met een paar wormpjes in zijn snavel.

'Dat kan ik jullie beter op de plek zelf vertellen. We gaan nu vlug naar de molen en we moeten hard doorfietsen, want we hebben nog heel wat te doen! Daarom heb ik Snuf thuisgelaten. Die heeft vanmorgen ook al zo hard gerend.'

'Maar... maar dan zijn we net de verkeerde kant opgereden. We moeten terug naar de boerderij,' zei Karel.

Tom schudde zijn hoofd. 'Nee hoor, deze weg is nog korter! Ik heb het geheime paadje door de dode rivierarm teruggevonden. Jullie krijgen zelfs geen natte voeten. Kom maar mee.'

Opnieuw kreeg Tom bewonderende blikken van zijn vrienden. Hij genoot ervan en voelde zich een echte detective.

Aangevoerd door de knappe speurder ging het viertal er snel vandoor langs het pad dat Tom 's morgens ook had genomen.

Ze popelden van ongeduld, maar niemand was zo opgewonden als Dick. Als het goud en de juwelen van zijn vader werden teruggevonden, zou zijn moeder, die al zoveel verdriet had gehad, overgelukkig zijn! Dat vooruitzicht maakte hem uitgelaten van blijdschap.

Al snel bereikten ze de plek waar ze moesten afstappen om met de fietsen aan de hand door het onbruikbare land naar de rietwildernis te lopen. Daar verstopten ze de fietsen.

Met een zelfverzekerd gezicht liep Tom naar de plek waar het verborgen paadje begon. Nu Snuf er niet bij was, zou alle eer voor hem zijn, maar ook alle risico. Vanbinnen voelde hij zich minder zeker dan hij zich voordeed. Maar hij had die ochtend toen hij voor de tweede keer over het pad was gelopen goed opgelet en het lukte hem zonder al te grote moeite het grillige kronkelpaadje terug te vinden. Zijn verbaasde vrienden, die er maar niet bij konden hoe Tom ooit deze bijna onvindbare doorgang had ontdekt, kwamen echt met droge voeten aan de overkant.

Tom nam de lof van zijn vrienden in ontvangst met een gezicht alsof het allemaal een vanzelfsprekende zaak was.

'Die oude mevrouw Visscher vertelde dat hier in de bezettingstijd zo'n sluippaadje was geweest. Nou, toen ben ik eens gaan kijken. Het paadje was er nog.' Het klonk heel bescheiden, maar het feit dat Snuf de doorgang had gevonden, vergat Tom gemakshalve.

Ze liepen naar de molen. Karel wilde de vleugeldeuren openen, maar Tom hield hem tegen. Met een gewichtig gezicht zei hij: 'We beginnen aan de buitenkant. Weten jullie nog wat er op die laatste bladzij van het dagboek van Leonard stond?'

'Natuurlijk... eh, wat bedoel je eigenlijk?' vroeg Karel ongeduldig.

'Nou, daar stond niet alleen iets over de gevangenneming van Dicks vader, maar ook over de schat, die ze samen nog net op tijd in veiligheid hadden gebracht. En daarna volgde zo'n merkwaardig zinnetje over de kostbaarheden die eenmaal in Vrijheid weer voor de dag zouden komen. Letterlijk weet ik het niet meer, maar zoiets was het.

Eén ding viel mij op: dat woord Vrijheid was met een hoofdletter geschreven. Eerst dacht ik dat Leonard dat had gedaan omdat de vrijheid vooral toen, in die vreselijke bezettingstijd, natuurlijk als iets geweldigs werd beschouwd. Een hoofdletter als een soort eerbewijs aan de vrijheid, waar ze toen allemaal naar uitkeken. Maar opeens kwam er een andere gedachte bij mij op. Zou Leonard misschien een soort woordspeling hebben gemaakt? Zou hij met dat hoofdletterwoord misschien ook een naam hebben bedoeld?

Schepen hebben meestal namen, boerderijen af en toe en molens soms ook. Toen herinnerde ik me dat ik in de gehavende rietbedekking van deze molen een paar vreemde verhogingen had gezien. Ik had daar toen niet zoveel aandacht aan besteed, maar vanmorgen ben ik eens goed gaan kijken. En stap nu eens achteruit.'

De jongens deden wat Tom zei en keken naar de plek die hij aanwees. Toen riepen ze het uit van verbazing. Daarboven in de halfvergane rieten dakbedekking waren nog de vage sporen te zien van letters die daar ooit door de rietdekker waren aangebracht. Brokkelige, grotendeels weggerotte letters, die met grote moeite toch nog te ontcijferen waren en die samen een woord vormden. Het woord: Vrijheid.

Terwijl zijn vrienden nog verbaasd naar de kap van de molen staarden, ging Tom verder met zijn verhaal. 'Toen ik dat vanmorgen had gezien, wist ik meteen dat de schat hier verborgen was. Misschien had Leonard een voorgevoel dat hij de oorlog niet zou overleven. En misschien wilde hij een aanwijzing voor het vinden van de kostbaarheden achterlaten. Maar zijn dagboek is pas jaren later gevonden en

92

bovendien schijnt vrijwel niemand de naam van deze oude molen nog te weten. Mevrouw Visscher kende hem in elk geval niet, anders zou ze de aanwijzing vast wel hebben begrepen. En laten we nu maar naar binnen gaan.'

Hij liep naar de molen en zwaaide de deuren wijd open. Zijn vrienden volgden hem aarzelend. Nu ze op de drempel van een grote ontdek-king stonden, kregen ze opeens een griezelig gevoel. Wat ging er gebeuren?

Tom liep naar de wand van de molen en ging op de grond zitten. Hij gebaarde naar de anderen, die naast hem gingen zitten.

'Precies op deze plek zaten we zaterdagavond ook, met dat verschrik-kelijke onweer. Het was hier pikdonker, maar telkens als het zo erg bliksemde werd het even heel licht. Om jullie de waarheid te zeggen: ik was toen nogal bang, want het was vreselijk weer. Ik denk dat we geen van allen erg op ons gemak waren. Maar tijdens die korte, felle flitsen kreeg ik het gevoel dat ik iets... iets ongewoons zag. Eigenlijk was het zo, dat ik dat pas achteraf besefte. Toen ik 's avonds in mijn bed lag, net voordat ik in slaap viel, dacht ik bijna te weten wat het was. Maar het beeld was weer weg en ik viel in slaap. 's Nachts heb ik erg gedroomd, maar wat ik precies droomde wist ik de volgende dag niet meer.

Toen ik vanmorgen zeker wist dat hier, in de geheime schuilplaats van verzetsgroep-Frank, ook de kostbaarheden verborgen moesten zijn, ben ik weer op deze plek gaan zitten. Ik dacht aan die zaterdag-avond en liet alles weer op me inwerken. Eerst lukte het niet, maar opeens zag ik het. Kijken jullie ook maar eens goed.'

Tom zweeg. De jongens tuurden naar alle kanten, maar ze ontdekten niets bijzonders. Tom had stiekem plezier.

'Dan zal ik het jullie vertellen, want we moeten opschieten. Deze molen is in de vorige eeuw erg stevig gebouwd. Het onderste deel is van dikke, grauwe bakstenen en ik heb zelfs ontdekt dat het een spouwmuur is: je weet wel, zo'n dubbele muur van zogenaamde halve stenen. Tus-sen die twee halfsteens muren is ruimte uitgespaard. Zo'n muur dempt niet alleen het geluid, maar houdt ook 's winters de kou en 's zomers de warmte beter tegen. Waarom ze dat hier vroeger zo gedaan hebben weet ik niet, maar ik heb ontdekt dat de ruimte in deze spouwmuur vrij groot moet zijn. En let nu eens op dat metselwerk daar!'

Tom wees met zijn vinger en voor de zoveelste maal slaakten de anderen een kreet van verbazing.

Het stukje muur dat hun vriend aanwees, was ongeveer een halve meter in het vierkant. De stenen waren precies hetzelfde als de andere, maar het cement waarmee ze waren vastgemetseld had een wat afwijkende kleur.

Nu ze er vlakbij stonden en goed keken, kregen ze de indruk dat er iets met die stenen was gebeurd. Hier en daar waren er hoekjes en schilfers afgebrokkeld, of misschien afgeslagen. De specie die ertussen zat leek nieuwer te zijn dan de rest. De voegen leken achteraf met modder te zijn besmeurd om de grijswitte kleur te verbergen. Maar het verschil was nog steeds zichtbaar.

'Dat... dat is nieuw,' mompelde Dick verbaasd.

'Precies,' zei Tom. 'Dat wil zeggen: het cement is nieuwer dan de rest. De stenen zijn oud, maar een beetje beschadigd. Die stenen zijn een aantal jaren geleden losgebikt, zodat er een gat in de binnenste muur ontstond. Vervolgens zijn ze weer zorgvuldig vastgemetseld. De metselaar heeft zijn best gedaan om de kleur van de nieuwe specie hetzelfde te maken als de oude. Het verschil was zo klein, dat het jarenlang onopgemerkt is gebleven.'

'Gefeliciteerd, Tom!' zei Karel met oprechte bewondering. 'Ik geloof vast dat je de geheime schuilplaats hebt gevonden!'

'Ik hoop het,' mompelde Tom bescheiden, maar vanbinnen was hij toch wel erg trots toen zijn enthousiaste vrienden hem zo uitgebreid bewonderden.

Het duurde een poosje voor ze tot de werkelijkheid terugkeerden. Toen het zover was zei Bertus: 'Jammer dat we geen gereedschap bij ons hebben om dat stukje los te bikken. Nu moeten we nog een dag wachten.'

'O, maar ik heb alles meegenomen wat we nodig hebben,' zei Tom rustig.

'Alles meegenomen?! Waar heb je het dan?'

'In mijn fietstassen. Zal ik de spullen ophalen?'

'Ja, natuurlijk! Dan gaan we meteen beginnen!'

De jongens renden al voor Tom uit naar de rietwildernis, maar toen ze aan de oever van de dode rivierarm stonden, durfden ze toch niet verder. Tom kwam rustig aanwandelen. Hij vond het begin van het verborgen kronkelpad en kwam zonder veel moeite aan de overkant. Een paar minuten later was hij al terug met in zijn rechterhand een jutezak waarin gereedschap zat en in zijn linkerhand een zaklantaarn.

Vol verwachting haastte het viertal zich terug naar de oude molen om met het grote karwei te beginnen.

Tom schudde de jutezak leeg. Er kwamen twee hamers uit, een paar zware beitels, een breekijzer, een koevoet, een paar krabbertjes en een troffel.

'We lijken wel een inbrekersbende,' grinnikte Bertus, terwijl hij een hamer en een beitel pakte en aan de slag ging. Karel volgde zijn voorbeeld. Omdat ze elkaar in de weg zouden staan als de twee anderen zich ook op het kleine stukje muur concentreerden, spraken ze af dat Dick en Tom hen zouden aflossen.

De slopers waren vol moed begonnen, maar het werk viel hen erg tegen. Het cement was heel erg hard en ze kwamen er maar moeilijk doorheen het hun hamers en beitels. Het zweet brak Karel en Bertus al gauw uit, niet alleen van inspanning, maar ook omdat ze er nerveus van werden dat het zo langzaam ging.

Na een tijdje zei Tom: 'Stop eens even. Jullie zijn bezig je af te beulen. Ik heb misschien een beter plan.'

Hij nam het gereedschap van Bertus over en zette de zware beitel in een voeg buiten het stukje muur dat ze wilden verwijderen. Het oude cement dat daar tussen de stenen zat bleek veel zachter en brosser te zijn en spatte weg toen Tom een harde klap met de hamer gaf.

'Dat is toch niet de goeie plek!' protesteerde Bertus.

'Dat maakt niet zo veel uit,' vond Tom. 'Het is er toch vlak naast. Als we het gat hier maken kunnen we met de zaklantaarn in de ruimte erachter schijnen en als daar wat ligt, krijgen we het er heus wel uit.'

Tom had gelijk. Dat beseften de anderen ook. Dick had het gereedschap van Karel overgenomen. Hij voelde zich trots en gelukkig dat hij nu eigenhandig meewerkte om het geheim van zijn vader tot een oplossing te brengen.

Ze werkten stug door met beitels en krabbers om de specie te verwijderen. Toen ze dieper in de voegen kwamen ging het wel moeilijker. Ze probeerden dunnere beitels en ten slotte slaagde Tom erin zijn eerste steen los te wrikken. Even later was Dick ook zover. Nu ze wat meer ruimte kregen en ook de slag te pakken hadden, ging het beter. Het gat werd langzaam groter. Tom probeerde al gauw eens naar binnen en naar beneden te kijken. Ze brandden allemaal van nieuwsgierigheid. Binnen een paar minuten zou blijken of Toms veronderstellingen klopten of dat het allemaal een vergissing was. Maar de opening was nog te klein om wat te kunnen zien. Een beetje beschaamd en geërgerd trok Tom zijn hoofd terug om weer met gespannen ijver aan het werk te gaan. Ditmaal wilde hij doorgaan tot er een groot gat was ontstaan.

Eindelijk was het zover. Hij legde de hamer en de beitel weg, veegde het zweet van zijn gezicht, nam de zaklantaarn en scheen naar binnen.

Doodstil stonden de jongens te wachten. Dicks hart klopte wild van spanning.

Tom liet de lichtstraal heen en weer glijden. Wel een halve minuut bleef hij zwijgend naar binnen kijken. Toen trok hij zijn hoofd terug. 'Er liggen daar een paar zwarte voorwerpen. Pakken en dozen lijken het wel.'

'Hoera!' riep Dick. Zijn gezicht was bleek en zijn ogen schitterden. Ze twijfelden nu geen moment meer. Dit moest de verborgen schat zijn! Om de beurt keken ze door de opening om te zien wat Tom al had verteld.

De donkere voorwerpen lagen net buiten handbereik van de jongens. Hoe ze ook hun best deden, ze konden er niet bij.

Bertus had een idee. Hij holde de molen uit naar de waterkant, waar een hoge es stond met stevige takken. Hij klom vlug in de boom en sneed met zijn zakmes een grote tak af. Hij verwijderde de zijtakken, maar liet van één tak, die bijna haaks op de hoofdtak stond, een klein gedeelte zitten.

De tak was precies goed voor het doel. Tom gebruikte hem als een haak waarmee hij de pakken en dozen naar zich toe trok om ze ver- volgens door het gat te trekken en op de grond te leggen. Het waren vijf dozen, allemaal omwikkeld met een soort zwart wasdoek om de inhoud te beschermen tegen vocht.

Nog een keer scheen Tom met de zaklantaarn door het gat naar bin- nen. Nee, er was verder niets meer te zien. Hij wilde het grootste pak openmaken, maar opeens bedacht hij zich.

'Dick, doe jij het maar! Het is van je moeder en van jou.'

Dick knikte zwijgend. Het leek wel alsof er een brok in zijn keel zat. Hij begon de leren riemen die om het zeildoek heen zaten los te knopen en wikkelde het pak open.

Er zaten verschillende kistjes in. Sommige waren gevuld met gouden ringen, in andere zaten schitterende juwelen oorhangers, halskettingen of armbanden. Alles blonk en fonkelde alsof het pas gisteren was ingepakt en verborgen.

De jongens konden hun ogen bijna niet geloven bij het zien van al die juwelen. Het leek wel een droom.

In één kistje, waarin ringen met prachtige sierstenen zaten, zat een envelop.

'Voor mijn vrouw' stond er met een krachtig handschrift opgeschreven. Na een moment van aarzeling maakte Dick de envelop open.

Er zat een briefje in:

Lieve vrouw,

Ik moet onderduiken, want de Duitsers zoeken mij. De kostbaarste dingen uit de winkelvoorraad heb ik nog tijdig hier kunnen verstoppen. Hopelijk zien we elkaar binnenkort terug. Maar als het anders loopt en het ergste gebeurt, dan zal Leonard je alles vertellen.
Hij is een fantastische helper.
Liefste, als ik niet terugkom, dan zal God je troosten en staande houden. Zorg goed voor onze kleine Dick en voed hem op als kind van God.
Dank voor alle liefde die je me hebt gegeven. Ik bid dat de bevrijding snel komt en dat we die geweldige dag samen mogen beleven. Maar Gods wil zal gebeuren!
Veel kussen voor jou en Dick.

Frank

Dick kon de brief bijna niet uitlezen, want er stonden tranen in zijn ogen. Toen hij hem eindelijk uit had stopte hij hem zwijgend in zijn zak. Dit was iets voor zijn moeder en hem alleen.

De drie anderen waren zonder te praten apart blijven staan. Ze begrepen wel ongeveer dat dit een afscheidsbrief van Dicks vader moest zijn en wat er in hun jonge vriend omging. Even later had Dick zichzelf weer een beetje in de hand. 'Help me maar met uitpakken,' zei hij met vreemde schorre stem.

Samen maakten ze de andere pakken open. Ze waren allemaal gevuld met de kostbaarste dingen. Gouden sieraden, vaak prachtig bewerkt, horloges, broches, medaillons, bekers en kannen, het ene nog mooier dan het andere.

Tom en zijn vrienden waren geen kunstkenners, maar ze begrepen heel goed dat deze schitterende gouden sieraden, diamanten colliers en andere kostbaarheden een enorme waarde hadden. Ze moesten hun ogen uitwrijven om er zeker van te zijn dat het allemaal geen droom was.

'Dick, je moeder is nu opeens weer rijk,' zei Karel spontaan.

'Ja, dat is geweldig. Maar ik denk dat de brief van mijn vader voor haar het kostbaarste zal zijn. En ze zal vooral ook heel blij zijn dat ik niet alleen edelsmid kan worden, maar ook de zaak van mijn vader en grootvader weer zal kunnen voortzetten. Dat heeft ze altijd graag gewild en ik vind het zelf ook heel fijn.' Hij aarzelde even en voegde er wat verlegen aan toe: 'Ik... ik ben jullie erg dankbaar. Ik zat al een hele tijd met mezelf in de knoop en tegenover mijn moeder deed ik ook niets goed. Ze... ze wilde me altijd vertroetelen en beschermen alsof ik nog een kleuter was en dan werd ik kwaad en opstandig. Dat is nu gelukkig veel beter geworden en dat komt vooral door jullie. En nu hebben jullie ook nog de schat gevonden. Ik vind het geweldig!'

De jongens werden bijna verlegen van zoveel lof. Bertus mompelde dat ze zelf ook blij waren, omdat ze er een leuke vriend bij gekregen hadden. En wat het vinden van de geheime schuilplaats betrof, dat was alleen de verdienste van Tom.

Tom was het er niet mee eens. Ze hadden het samen opgeknapt, al was hij het geweest die de laatste stukjes van de legpuzzel op hun plaats had gelegd. En Snuf had ook zijn aandeel geleverd. Tom vond het nu eigenlijk wel jammer dat de hond er niet bij was.

Hij keek op zijn horloge. Het was al vrij laat. 'We moeten opschieten, jongens! Laten we eerst alles weer precies zo inpakken als we het gevonden hebben. Dan brengen we het naar Dicks moeder.'

'Het zijn vijf pakken. Hoe krijgen we dat allemaal mee?' vroeg Dick een beetje ongerust.

'Daar zorg ik wel voor!' Het was een harde, rauwe stem die de woorden sprak... Verschrikt draaiden ze zich om. In de deuropening stond Lubbert Doerakker met een pistool in zijn hand. Nero stond naast hem met ontblote tanden.

12
Gevangen in de molen

De jongens staarden dodelijk verschrikt naar de man die daar zo plotseling in de molen stond.

Tom was de eerste die weer in staat was iets te zeggen. 'We hebben uw hulp niet nodig. Dit is allemaal van Dicks moeder en wij gaan het haar zelf brengen.' Tom had geprobeerd zijn stem zo vast mogelijk te laten klinken, maar het lukte niet erg. De kerel begon honend te lachen.

'Dat dacht je! Jullie zijn een stelletje lastpakken! Ik houd jullie al langer in de gaten.

Wekenlang heb ik me uitgesloofd om erachter te komen waar de buit verstopt was. Ik was er nu bijna zeker van dat het in deze molen moest zijn en de rest zou ik zelf ook wel hebben uitgevonden. Maar jullie hebben geprobeerd al mijn werk te verpesten door mij te bespioneren en zo hebben jullie de plek gevonden.'

'Dat is niet waar!' riep Bertus driftig en verontwaardigd. 'Tom heeft de plek helemaal zelf ontdekt. Jij zou hem nooit hebben gevonden, daar ben je te stom...'

Zijn woorden werden afgebroken door de knal van een pistoolschot. De kogel vloog over het hoofd van Bertus, ketste tegen de muur, sloeg er een steensplinter af en viel op de grond.

Lubberts gezicht stond nu grimmig. 'Denken jullie dat ik een grapje maak, stelletje snotapen? Nu is het menens! Nog één woord dat me niet aanstaat en ik laat Nero op jullie los. Jammer dat jullie dat scharminkel van een herdershond niet bij jullie hebben, dan kon Nero met hem afrekenen. Maar jullie lust hij ook wel!'

Dat begrepen de jongens maar al te goed. Dat logge monster zou hen kunnen verscheuren. Ze zagen geen uitweg.

Doerakker genoot zichtbaar van hun angst en radeloosheid. Er kwam een valse glimlach op zijn gezicht. Hij draaide zich naar Tom en zei op een gemaakt vriendelijke toon: 'Nog bedankt dat je vanmiddag zo loslippig was.'

'Wat... wat bedoelt u?' vroeg Tom stotterend. Er kwam een vreselijk vermoeden bij hem op.

'Nou, je hebt in het bos op die boomstam een mooi verhaaltje aan je vrienden verteld, en ook aan mij. Want ik lag toevallig een paar meter achter je rug onder de struiken mee te luisteren. Ik vond het erg interessant. Het leek me het beste dat ik jullie een voorsprong gaf om de schat te vinden. Dat is gebeurd en nu neem ik de zaak over.'

Tom keek even met een schuin oog naar het zware breekijzer dat dicht bij hem op de grond lag. Hij berekende zijn kans. Als hij vliegensvlug toesprong en die schurk dat stuk ijzer tegen zijn hoofd smeet, zou hij hem misschien kunnen uitschakelen. Dan was Nero er nog, maar als ze allemaal vlug een stuk gereedschap grepen...

Het wanhoopsplan werd niet uitgevoerd. Lubbert scheen de blik te hebben opgemerkt, of hij kon gedachten lezen. Hij richtte het pistool op Tom en zei dreigend: 'Eén beweging, mannetje, en ik schiet je overhoop. En dan reken ik ook meteen af met je vrienden. Dus houd je gedeisd!'

Uit zijn hele houding bleek dat lange Lubbert meende wat hij zei. De jongens begrepen dat ze echt in levensgevaar waren. De kerel was blijkbaar woedend, omdat hij zijn diefstal nu moest plegen met vier ooggetuigen erbij. Hij had natuurlijk gehoopt dat hij de schat zelf zou ontdekken en dat hij er dan stilletjes tussenuit zou kunnen knijpen zonder dat iemand er iets van wist. Dan had hij rustig in Nederland kunnen blijven. Nu zou hij met zijn buit naar het buitenland moeten vluchten.

Tenzij... tenzij hij zou besluiten hen uit de weg te ruimen! Het drong opeens tot Tom door dat niemand wist dat ze naar de molen waren gegaan. Als Doerakker hen doodschoot en hier zou begraven, dan zou geen mens weten waar ze gebleven waren.

Voor zo'n gruwelijke misdaad zou Lubbert misschien toch nog wel terugschrikken. Tenzij ze hem kwaad maakten. Dat was wel gebleken toen Bertus er wat uitflapte. Ze moesten heel voorzichtig zijn en hun vijand geen reden geven om hen neer te knallen...

Dat ging allemaal door Tom heen en de gedachten van zijn vrienden gingen dezelfde kant uit. Tom baalde er bovendien ook behoorlijk van dat hij ongewild alles aan Doerakker had verraden. Was hij nu maar voorzichtiger geweest! Hij had nog iets horen ritselen, maar hij dacht dat die merel dat had gedaan. Hij kon zich wel voor zijn hoofd slaan en hij had zichzelf nog wel zo slim gevonden! Het was zijn schuld dat nu alles was misgelopen.

Lubbert had zich blijkbaar lang genoeg vermaakt met de doodsangst van zijn slachtoffers. Op bevelende toon blafte hij: 'En nu aan de slag! Pak alles precies zo in als jullie het gevonden hebben. En denk erom dat je geen sieraden achteroverdrukt! Ik houd jullie goed in de gaten!'

Er zat niets anders op dan te gehoorzamen. Ze deden alle kostbaarheden weer zorgvuldig in de kistjes en dozen, wikkelden het zeildoek eromheen en knoopten de leren riemen vast.

Hun belager keek vol wantrouwen toe, nog steeds had hij het pistool in zijn hand. Vlak naast hem stond Nero kwijlend te wachten tot hij de jongens mocht aanvliegen. Tom, die nog steeds een schuldgevoel had, zocht koortsachtig naar een uitweg, een of andere list waarmee hij het ongure tweetal schaakmat kon zetten, maar hij kon niets bedenken.

Ze hadden alles ingepakt. Toen stonden ze op. Ze vroegen zich vol spanning af wat Lubbert nu met hen zou doen. Lang bleven ze niet in onzekerheid. Op barse toon zei hun belager: 'Achteruit nu en vlug die ladder op naar boven!' Toen ze even aarzelden, voegde hij er dreigend aan toe: 'Ik tel tot tien en dan laat ik de hond op jullie los! Een, twee, drie, vier...'

De jongens haastten zich de ladder op. Bij de tiende tel schoot Nero op hen af, happend naar de benen van Dick, die als laatste naar boven klom, maar hij was net een tree te hoog, zodat het ondier hem niet meer kon bereiken.

Toen ze door het luik waren geklommen deed Lubbert vlug een paar stappen naar voren. Tom begreep meteen wat hij van plan was. De kerel wilde de ladder weghalen, zodat ze niet meer naar beneden konden. Tegelijk herinnerde hij zich wat de oude boerin had verteld. Je kon de ladder helemaal optrekken naar de verdieping waar ze zich nu bevonden!

Snel greep hij het bovenste deel van de ladder vast om het zware ding omhoog te trekken, maar lange Lubbert pakte hem bijna gelijktijdig van onderen vast en gaf er een ruk aan.

Bijna was Tom naar beneden gevallen. Gelukkig schoten zijn vrienden hem het volgende moment te hulp. Ze hadden in de gaten wat er gebeurde. Aan beide kanten van de ladder werd nu hard getrokken, maar de vier jongens konden niet op tegen hun zware tegenstander. De vloekende en tierende kerel hing met zijn volle gewicht aan de ladder. Ze zouden hem nooit van het ding kunnen afschudden. Karel was de eerste die losliet, maar niet omdat hij het opgaf. Hij had op de vloer een kort houten balkje zien liggen en dat had hem op een idee gebracht. Snel pakte hij het balkje van de grond. Hij mikte zorgvuldig en smeet het stuk hout heel hard door de opening van het luik. Het kwam precies op Doerakkers blote hoofd terecht.

De kerel gaf een schreeuw van pijn, liet de ladder los en de jongens trokken hem snel omhoog. Tom gooide het luik dicht. Hij zag nog net dat Doerakker een enorme bult op zijn hoofd begon te krijgen, zo groot als een kippenei. De kerel stond er met een afwezig gezicht over te wrijven, maar een ogenblik later was hij weer voldoende bij zijn positieven om opnieuw de strijd aan te gaan. Hij begon te razen en te schelden en uitte de vreselijkste dreigementen. Ze moesten de ladder onmiddellijk weer naar beneden laten zakken, anders zou hij met zijn pistool dwars door de molenzolder schieten, net zolang tot ze allemaal dood waren!

De jongens dachten er niet aan de ladder weer te laten zakken, maar ze begrepen best dat hun tegenstander tot het ergste in staat was. Op hun tenen liepen ze naar de wand van de molen, waar ze doodstil bleven staan zonder antwoord te geven op het geschreeuw van Lubbert. Na een poosje werd het stil onder hen. Tom liet zich heel voorzichtig op zijn knieën zakken en gluurde door een kier tussen twee planken. Hij zag Doerakker de deur uitlopen en een paar tellen later terugkomen met een grote jutezak die hij blijkbaar voor de zekerheid had meegenomen, maar die hij eerst buiten had laten liggen. Daar stopte hij een voor een de pakken met kostbaarheden in en vervolgens bond hij de zak stevig dicht. Hij tilde hem even op. Tom kon merken dat het ding behoorlijk zwaar moest zijn, maar het lukte Lubbert de zak mee te nemen, want hij knikte tevreden.

Toen keek hij omhoog naar de molenzolder. Hij had blijkbaar iets ergs bedacht, want er kwam een heel lelijke grijns op zijn gezicht.

Het leek of de kerel op het punt stond iets te roepen, maar hij bedacht zich. Uit zijn zakken haalde hij een heel lange, dunne ketting, die hij aan de halsband van Nero vastmaakte. Toen liep hij naar de molendeur om die aan een inspectie te onderwerpen.

Op ongeveer een meter hoogte zat een grote, roestige haak aan de deur. Daar maakte Lubbert het andere eind van de ketting aan vast.

Toen keek hij opnieuw omhoog. De trek op zijn gezicht was zo mogelijk nog gemener geworden.

'Zo jongetjes, ik verdwijn voorgoed, maar ik laat een oppas voor jullie achter. Jullie mogen best naar beneden komen, maar Nero is nogal hongerig. Hij heeft vandaag toevallig weinig te eten gehad.'

Toen draaide hij zich naar de hond en commandeerde: 'Hier blijven en de wacht houden.'

Blijkbaar kende het beest dit bevel. Het bleef doodstil staan toen zijn baas de zak pakte.

Net toen hij wilde vertrekken viel Doerakkers oog op het gereedschap dat Tom van het Eksternest had meegenomen en dat verspreid op de grond lag. Hij raapte alles op en stopte het in de kleinere jutezak van Tom. Daarna smeet hij de losgebikte bakstenen door het gat in de muur, zodat ze terechtkwamen op de plek waar de schat verborgen had gelegen.

Toen knikte hij tevreden. Hij slingerde beide zakken over zijn schouders en stapte de deur uit, zonder Nero nog een blik te gunnen.

De hond jankte zacht. Hij vond het niet leuk dat hij alleen moest achterblijven, maar hij gehoorzaamde toch.

De jongens hadden allemaal het voorbeeld van Tom gevolgd en spleetjes tussen de planken van de oude vloer gevonden om te zien wat lange Lubbert uitspookte. Nu holden ze naar het piepkleine raampje om hun vertrekkende vijand na te kijken. Hij ging naar de waterkant en smeet de zak met gereedschap in het riviertje. Toen liep hij naar de plek waar een smal bootje op de graswal was getrokken. Blijkbaar had hij daarmee het riviertje overgestoken.

De vier jongens, die elkaar voor het raampje verdrongen, verwachtten dat hij meteen zou oversteken, maar in plaats daarvan keek hij zoekend naar links en rechts.

Tom was de eerste die doorkreeg wat hij aan het doen was.

'Die vent kijkt waar onze boot eigenlijk is. Dan kan hij die meene-men of vernielen.'

'Dan kan hij lang zoeken,' bromde Karel.

Dit ene kleine winstpunt hadden ze tenminste op hun vijand behaald. Lubbert kon geen boot vinden en moest er ten slotte wel van uitgaan dat de jongens zwemmend waren overgestoken of toch een andere doorgang hadden gevonden. Hij keek nog eens achterom naar de molen en stapte toen in zijn eigen boot. De zak vol kostbaarheden legde hij achter zich neer en vervolgens peddelde hij naar de over-kant. Daar schoof hij het bootje in een smalle strook riet, waar nie-mand het zou zoeken.

Even later zagen de jongens hem wegfietsen. De zak had hij op zijn bagagedrager gebonden.

Doerakker reed hard. Ze keken hem nog een poosje na, maar al gauw drong het tot hen door dat ze daar niet mee opschoten.

Verslagen en ontmoedigd stonden ze bij elkaar. Het huilen stond hen nader dan het lachen.

Vooral Dick had het moeilijk, maar Tom was er weinig beter aan toe. Hij maakte zich in stilte de ergste verwijten, omdat hij door zijn dom-heid zelf alles aan Lubbert had verraden.

Het kwam allemaal doordat hij zo tevreden met zichzelf was geweest. Hij had tegenover zijn vrienden willen pronken met zijn succes, alsof hij de slimste was, maar daarbij was hij alle voorzichtigheid uit het oog verloren.

Bertus was naar het luik gegaan en deed het open. De anderen kwa-men ook aanlopen.

Nero kreeg hen meteen in het oog. Hij begon als een razende te blaf-fen en scheen niets liever te willen dan het viertal te verscheuren en te verslinden.

Ze overlegden samen wat ze moesten doen. Ze moesten hier zo gauw mogelijk vandaan zien te komen om de politie te waarschuwen. Ze begrepen wel dat Doerakker er als een haas vandoor zou gaan met de kostbaarheden en waarschijnlijk naar het buitenland zou verdwijnen. Als ze nog een kans wilden hebben hem te volgen dan moesten ze snel zijn. Maar om te kunnen ontsnappen moesten ze eerst afrekenen met hun viervoetige bewaker.

Karel keek zoekend rond of hij iets zag dat hij Nero naar zijn kop kon gooien om hem, al was het maar tijdelijk, uit te schakelen. Dat was met lange Lubbert ook gelukt. Maar er was niets dat hij voor dit doel kon gebruiken en het zou ook vrijwel onmogelijk zijn de hond hard genoeg te raken.

Ze bespraken allerlei voorstellen en plannen om ze vervolgens weer als onuitvoerbaar te verwerpen.

Langs de buitenkant van de molen ontsnappen was uitgesloten. De raampjes waren te klein om er een ladder door te kunnen steken en de ladder zou ook nog te kort zijn. En zelfs als ze die moeilijkheden konden overwinnen, zou er nog een onoverkomelijke hinderpaal zijn. Nero zat wel vast aan de haak in de deur, maar die deur zelf was oeroud en erg vermolmd. Als het monster een woedende ruk aan de ketting gaf zou de haak vast en zeker losschieten.

Doerakker was heel slim te werk gegaan. Nero's ketting was zó lang dat de hond elke plek beneden in de molen kon bereiken. Het dier zou als bewaker op zijn post blijven en de jongens zouden onmogelijk kunnen ontsnappen. Maar als het hen toch op de een of andere manier lukte om buiten de molen te komen dan zou het ondier zich met één harde ruk kunnen bevrijden om hen te achtervolgen. En als ze in wanhoop naar beneden zouden gaan om met Nero te vechten dan hadden ze zelfs geen wapens, want Lubbert had het ijzeren gereedschap meegenomen en de bakstenen door het gat gesmeten.

Al hun ideeën liepen op niets uit. Lubbert was hen te slim af geweest en zou veilig met de gestolen buit kunnen verdwijnen.

Diep onder hen was Nero wat rustiger geworden, maar zodra ze bij het luik in de buurt kwamen, begon hij weer woedend te grommen en te blaffen.

Tom klom de trap op naar de nok van de molen. Zijn vrienden volgden hem, maar ze hadden geen hoop dat ze daar een uitweg zouden vinden.

In de nok waren een paar raampjes, die open konden. Ze hadden van hieruit ook een wijds uitzicht over het dorp en de hele omgeving.

Van Lubbert was geen spoor meer te zien. Die zou nu wel in het bos zijn om zijn belangrijkste bezittingen samen met de goudschat in zijn auto te gooien en dan snel weg te rijden. Niemand zou hem tegenhouden...

Het Eksternest leek heel dichtbij. Tom zag tante Leen over het erf lopen. Hij kreeg even de neiging heel hard om hulp te gaan roepen, maar zijn verstand zei hem dat dit totaal nutteloos was. De afstand leek wel klein, maar in werkelijkheid waren ze een heel eind van de boerderij verwijderd en dus ook van de hele bewoonde wereld. Niemand zou hen horen, hoe hard ze samen ook zouden schreeuwen.

Hij bedacht opeens weer dat niemand wist dat ze naar de molen waren gegaan. Als ze vanavond niet thuiskwamen, zou oom Kees gaan zoeken. En morgen zouden ze de politie wel inschakelen, maar het kon wel eens erg lang duren voordat iemand hen hier zou komen zoeken.

Tom liep naar het tegenoverliggende raam, dat uitzicht bood op de dode rivierarm, het land en de daarachter lopende weg.

Over die weg reed een eenzame fietser.

Hij besloot toch een poging te wagen.

'Jongens, laten we heel hard om hulp roepen als die man nog wat dichter bij ons is.'

Ze gingen alle vier bij het geopende raampje staan en wachtten nog een halve minuut. Toen schreeuwden ze op een afgesproken teken zo hard mogelijk: 'Help! Help!'

Het geluid verwaaide in de wind, die de verkeerde kant opblies. De man op de fiets reageerde helemaal niet. Ze probeerden het nog een keer, maar het hielp niets. De afstand was te groot. De enige die zich van het geroep iets aantrok was Nero, die weer woedend begon te grommen en te blaffen.

Teleurgesteld en ontmoedigd lieten de jongens zich op de vloer zakken.

Er was geen uitweg. Ze hadden zelfs geen zin meer om te praten.

Er gingen een paar minuten in stilte voorbij. Dick haalde de brief van zijn vader uit zijn zak en las hem nog een keer over.

'Met die brief zal mijn moeder toch wel erg blij zijn,' zei hij zacht.

Tom knikte. Hij had het vreselijk moeilijk met zichzelf en voelde zich schuldig tegenover de anderen.

Opeens stond hij op. 'Ik ga de ladder naar beneden laten zakken en proberen met Nero af te rekenen.'

'Dat kan niet,' zei Dick verschrikt. 'Die hond is ontzettend gevaarlijk.'

Ook de anderen verzetten zich tegen het wanhoopsplan. Tom moest toegeven dat hij nog steeds niet wist hoe hij Nero onschadelijk moest maken, maar in elk geval wilde hij de ladder laten zakken. Daarna konden ze dan wel verder zien.

Ze gingen de trap af naar het luik en deden dat open. Nero lag op de grond bij de openstaande molendeuren. Hij gromde en keek met ogen vol haat naar zijn gevangenen.

Tom liet de ladder zakken. Zijn vrienden probeerden nog steeds het onzinnige plan uit zijn hoofd te praten, maar hij hield koppig vol.

De grote hond scheen te begrijpen wat er ging gebeuren. Hij sprong op en ging vlak onder de opening van het luik staan en gromde naar de ladder, die vlak langs zijn kop gleed en nu de grond raakte.

Ondanks zijn wanhopige vastberadenheid begreep Tom toch wel dat hij niet met zijn blote handen tegen Nero kon vechten. Hij móést een wapen hebben, anders zou het monster hem verscheuren.

Zoekend liep hij rond over de molenzolder. Het enige wat hij vond was een lat van ongeveer 60 centimeter lengte. Hij nam het op en bekeek het.

Het hout was droog en tamelijk gaaf. Als wapen stelde zo'n stukje lat tegenover een woeste bullebak als Nero maar heel weinig voor. Dat maakten Toms vrienden hem goed duidelijk en zelf wist hij het ook wel. Hij beloofde ten slotte dat hij eerst buiten het bereik van het monster op de ladder zou blijven staan. Als de hond op hem af zou komen en hem probeerde te bereiken, zou hij hem met de lat een paar harde klappen op zijn kop geven. Heel misschien zou het dier dan bang worden.

Langzaam, tree voor tree, daalde hij de ladder af. Nero verlangde duidelijk meer naar de ontmoeting dan Tom zelf. Hij had zijn voorpoten tegen de ladder gezet, zodat zijn kop met de grimmige tanden bijna anderhalve meter boven de grond kwam. Kwijl liep uit zijn bek en er lag moordlust in zijn bloeddoorlopen ogen. Tom ging zich zo laag als hij durfde, hield zich met de linkerhand vast en haalde venijnig uit met de rechter.

Het lukte. Nero kreeg een harde klap op zijn brede kop en schoot jankend van pijn en woede achteruit. Maar bang was hij bepaald niet geworden. Als een razende rende hij weer op Tom af, terwijl hij tegen de ladder opsprong om zijn vijand te bereiken.

Tom probeerde zijn succes van de eerste keer te herhalen. Hij sloeg opnieuw, harder nog, maar terwijl hij dit deed knapte de gammele tree waarop hij met zijn rechtervoet steunde. Hij verloor zijn evenwicht en kon nog net voorkomen dat hij helemaal naar beneden gleed. De zwaaiende rechterarm schoot vlak langs de bek van de hond, waardoor de richting van Nero's sprong veranderde, maar Tom moest de lat loslaten en zich in paniek vastgrijpen. Haastig trok hij zijn rechterbeen omhoog. Het was geen seconde te vroeg, want zijn aanvaller, die nu door het dolle heen was, sprong opnieuw en miste zijn prooi op een haar na.

Er zat voor Tom niets anders op dan naar boven te klimmen en weer door het open luik te gaan.

Zijn vrienden hadden bleek en verschrikt toegekeken, niet in staat hem te helpen. Nu trokken ze haastig de ladder weer omhoog. Ze klapten het luik met een harde klap dicht. Ze zouden niet toelaten dat Tom zijn leven nog een keer zou wagen.

Tom was meer geschokt dan hij wilde toegeven. Hij was bleek en rillerig. Hij was heel erg geschrokken toen de tree van de ladder plotseling brak. Bijna had de hond hem te pakken gekregen en dan zouden er verschrikkelijke dingen zijn gebeurd...

Hij ging voorovergebogen op een stoel zitten met de armen op het tafelblad en zijn hoofd op de armen, verslagen. Langzaam werd het trillen in zijn armen en beneden minder.

De stemming was beneden nul. Bertus deed ten slotte een poging om zijn vrienden een beetje op te monteren.

'Gelukkig dat het zomer is. We zullen hier misschien een nachtje moeten blijven, maar erg koud zullen we het niet krijgen. Nero zal er heus wel een keer vandoor gaan als hij niks te eten krijgt. En in de loop van de morgen zal er wel iemand op het idee komen ons hier te gaan zoeken.'

'Mijn moeder zal vreselijk bang zijn. Ik... ik mag zal vast nooit meer met jullie mee,' mompelde Dick.

'Onze vakantie is toch bijna voorbij en dan moeten wij weer naar huis.' Het was Karel die dat zei. Hij voelde zelf wel dat het een schrale troost was.

Tom ging weer rechtop zitten. Zijn ogen waren verdacht rood.

'Het ergste is dat die Lubbert Doerakker alle tijd krijgt om er vandoor te gaan. Hij is nu schatrijk en zal natuurlijk naar het buitenland vluchten.'

'Ze krijgen hem wel te pakken,' troostte Bertus. 'De Nederlandse politie werkt samen met die van andere landen. Interpol heet dat, geloof ik.'

Tom knikte zonder enthousiasme. 'Dat weet ik wel, maar die kerel is heel slim. Hij gaat vast onder een valse naam leven. Het kan heel lang duren voor hij gepakt wordt en dan heeft hij het goud en de edelstenen natuurlijk allang verkocht.'

Hoe de anderen ook praatten, het lukte hen niet Tom uit de put te halen. Gewoonlijk was hij de aanvoerder van het groepje, altijd bereid om leiding te geven en nieuwe plannen te verzinnen, maar nu zat hij er verslagen bij.

Bertus en Dick keken maar weer eens door de raampjes. De zon begon al te zakken. Het was tijd voor het avondeten. Thuis zouden ze nu al wel zitten te wachten. Door al de emoties hadden de jongens absoluut geen trek in eten, maar dat zou wel anders worden als hun gevangenschap langer zou duren...

Karel gluurde door een kier van de vloer naar beneden. Nero zat nog steeds op zijn post. Het dier was blijkbaar goed door zijn harde meester afgericht.

Van ongedurigheid liep hij maar weer eens de trap op naar de nok van de molen. Daar kon je verder kijken.

Hij tuurde door het openstaande raam naar de weg. Er reed net een auto voorbij, maar Karel ging niet om hulp roepen. Dat zou geen enkele zin hebben.

Zijn blik gleed naar de kant vanwaar ze vanmiddag – het leek wel een week geleden – waren komen aanfietsen. Opeens werden zijn ogen groot van verbazing.

'Dat... dat kan toch niet,' mompelde hij zacht. Hij zette zijn hand boven zijn ogen om het felle licht wat af te schermen en keek opnieuw zo goed mogelijk. Een paar seconden later hoorden de anderen hem opgewonden roepen. 'Tom, jongens, kom eens gauw kijken! Ik geloof dat ik..., maar ik weet het niet zeker...'

Erg duidelijk was de boodschap niet, maar er klonk zoveel emotie in Karels stem, dat zijn vrienden meteen opsprongen. De lusteloosheid was plotseling van Tom afgevallen. Nog eerder dan Bertus en Dick

was hij bij de trap, die hij met drie treden tegelijk beklom om zo snel mogelijk boven te zijn. Daar stond Karel, trillend van opwinding. Hij wees met zijn hand door het openstaande raam. 'Kijk daar eens!' Tom stak zijn hoofd naar buiten en keek in de richting die Karel wees.
Op de smalle straatweg die naar het dorp leidde, liep heel in de verte een hond. Het dier was nog te ver weg om het goed te kunnen zien, maar Tom herkende onmiddellijk de manier van lopen.
'Dat is Snuf! Hij komt deze kant op!'

Bertus en Dick verdrongen elkaar om ook iets te kunnen zien. Na de enthousiaste uitroep van Tom twijfelden ze niet meer. Hij kende zijn hond beter dan iemand anders. Maar verbaasd waren ze wel. Hoe was het mogelijk dat Snuf hier naartoe kwam?
Tom dacht dat hij het wel wist. Hij had de hond in de schuur opgesloten, omdat hij hem vanmorgen wel erg had uitgeput. Maar het trouwe dier was gewend om elke middag lekker met de jongens te gaan zwemmen. Blijkbaar had iemand in de loop van de middag de schuurdeur geopend, zodat Snuf eruit kon. Toen hij Tom en de anderen niet kon vinden, was hij waarschijnlijk naar de zwemplaats gegaan om ze daar te zoeken. Toen hij ze daar ook niet vond had hij zich herinnerd dat hij die ochtend met Tom naar de molen was geweest.
Op een drafje kwam Snuf vrij snel dichterbij. Hij had duidelijk een vast doel voor ogen. De vier in de nok van de molen stonden te dansen van hoop en opwinding.
Maar helemaal zonder zorgen waren ze niet. Als hun vriend hen te hulp kwam, zou hij moeten vechten met het monster dat beneden in de molen de wacht hield. Zou hij in staat zijn deze oersterke en gevaarlijke vijand te overwinnen? Snuf was groot en sterk, maar dit keer kwam hij wel voor een verschrikkelijke vuurproef te staan.

13
Een gevaarlijk plan

Snuf had het begroeide stuk land bereikt. Hij verliet de weg en stak dwars over naar de dode rivierarm.

'Snuf! Snuf! Kom!' riep Tom zo hard mogelijk.

De hond had een veel scherper gehoor dan een mens. Hij hoorde en herkende de stem van zijn baas, keek op, ontdekte Toms hoofd en zwaaiende handen, blafte vrolijk en stortte zich in het hoge riet.

Het drong opeens tot Tom door dat hij zijn hond in het komende gevecht moest proberen te helpen. Maar hoe?

In elk geval moest hij vlug de trap af, het luik opendoen en als hij er nog tijd voor had, de ladder laten zakken.

Hij rende naar beneden, struikelde in zijn haast, maakte een rare zwaai, schaafde zijn grijpende handen, raakte met zijn voeten de vloer en kwam er vervolgens vooover op terecht. De rotte planken kraakten erg, maar ze braken gelukkig niet.

Tom had zich behoorlijk bezeerd, maar hij was niet gewond. Hij verbeet zijn pijn, krabbelde vlug overeind zonder te reageren op de verschrikte uitroepen van zijn vrienden en liep naar het luik, dat hij opengooide.

Hij was net op tijd om te zien wat er gebeurde. Nero, die de komst van Snuf had opgemerkt, holde de molen uit en rukte daarbij zo hard aan de ketting, dat de haak uit de deur schoot.

Tom vloog naar het raampje om het monster, dat nu vrij was, te kunnen volgen.

Woedend rende Nero op Snuf af, die vrolijk en nietsvermoedend uit het riet opdook.

De onverhoedse aanval van de sterke, zwaargebouwde hond wierp

Snuf omver. Even zag het er naar uit dat het gevecht daardoor meteen zou zijn beslist, maar met verbazingwekkende snelheid was de herdershond weer overeind. Hij wilde zo graag naar zijn baas, dat hij zich niet aan zijn aanvaller stoorde, maar rechtstreeks naar de molen holde.

Nero, die zich net op Snuf wilde storten om definitief met hem af te rekenen, zag zijn prooi weglopen en rende er jankend achteraan.

Vlak na elkaar schoten ze door de molendeur naar binnen. Snuf blafte uitnodigend tegen de vier jongens die verschrikt bij het geopende luik stonden. Het was hen in die paar seconden niet gelukt om de ladder te laten zakken.

Het volgende moment stortte Nero zich opnieuw op Snuf. Hij beet zijn vijand in zijn zij en bracht hem een bloedende wond toe. Snuf jankte even van de plotselinge pijn, maar kwam weer los en werd nu blijkbaar ook kwaad. Als een wervelwind cirkelde hij om de reusachtige hond heen terwijl hij zocht naar een opening in de verdediging van zijn tegenstander.

Nero probeerde Snuf op zijn beurt opnieuw aan te vallen. Hij sprong op Snuf toe, maar die was veel sneller en kon hem gemakkelijk ontwijken.

Binnen een minuut veranderde de strijd in een warboel van hondenlijven. De beide vechtersbazen bewogen zich om en over elkaar heen, lagen om de beurt onder en boven elkaar en vochten als razenden. Nero was duidelijk de sterkste. Een paar keer beet hij Snuf lelijk, zodat de prachtige vacht van de herdershond hier en daar rood werd van bloed.

Tegenover de enorme kracht van de logge Nero stond de snelheid en de slimme vechttactiek van de slanke en lenige Snuf. De toeschouwers, die bij de opening van het luik ademloos toekeken, konden zijn flitsende wendingen nauwelijks met hun ogen volgen. Hun dappere viervoetige vriend kon midden in een sprong opeens van richting veranderen, zijn vijand uit een onverwachte hoek raken en weer wegschieten op het moment dat deze zich op hem probeerde te gooien. Nero had nog nooit een tegenstander gehad die het tegen hem kon opnemen. Zijn woede werd steeds groter. Met blinde koppigheid probeerde hij zijn vijand in zijn keel te bijten. Als dat zou lukken zou hij niet meer loslaten voordat hij hem de strot had doorgebeten. Een paar keer ontsnapte Snuf op het nippertje. Een keer kreeg hij een knauw vlak boven zijn rechter voorpoot, maar hij wist los te komen en zette ondanks zijn bloedende wonden met onverminderde snelheid het gevecht voort.

Langzaamaan werd duidelijk dat niet de brute kracht de overwinning zou behalen. Nero kon niet tegen Snuf op. Hij kwam steeds meer in de verdediging, kreeg de ene beet na de andere en begon ten slotte duidelijk bang te worden voor zijn snelle en behendige tegenstander. Een paar keer werd hij door Snuf de molen rondgejaagd. Toen rende hij opeens door de openstaande deuren naar buiten, het grasland over naar de kant van het riviertje. Snuf achtervolgde hem wel, maar deed geen echte poging om hem in te halen.

De vier jongens in de molen zagen door een van de raampjes dat de vluchteling in het water sprong, moeizaam naar de overkant zwom, de dijk overstak en door de velden wegrende. Ze kregen bijna medelijden met het dier, maar waren toch wel erg blij dat Snuf het grote gevecht had gewonnen en hen daarmee had bevrijd.

Zolang de twee vechtersbazen vlak onder hen in de molen rondraasden, hadden Tom en zijn vrienden geen kans gezien de ladder naar beneden te laten zakken. Ze konden Snuf dus niet te hulp komen.

Nu lieten ze de ladder vlug zakken. Toen ze allemaal op de begane grond stonden, kwam de dappere herdershond net weer naar binnen. Hij liep kwispelstaartend naar Tom, die hem meteen begon te aaien en aan te halen. Snuf was er nog erger aan toe dan de jongens hadden verwacht. Zijn grote vijand had hem een paar keer hard gebeten. In Snufs harige vacht zat geronnen bloed en de wond boven zijn rechtervoorpoot bleek nogal pijnlijk te zijn, want het dier liep wat moeilijk. De jongens konden niet veel doen voor hun trouwe vriend. Ze overlegden nog even of ze aan de oever van het riviertje zijn wonden zouden uitwassen, maar dat zou veel tijd kosten en ook niet zoveel helpen. Als de dierenarts hem behandelde, zou hij wel gauw weer opknappen, want de hond was gezond en sterk. Zo lang moest Snuf dus nog wachten. Er waren eerst belangrijkere dingen te doen. Ze moesten zo snel mogelijk de politie waarschuwen, zodat Doerakker gearresteerd kon worden. Er was misschien een kleine kans dat hij nog op de camping was en anders konden ze tenminste proberen hem te pakken te krijgen voor hij naar het buitenland verdween.

Ze staken het grasveld over en liepen naar de rietwildernis. Door de angstige avonturen die ze hadden beleefd, waren ze nog steeds een beetje in de war. Daardoor konden ze de ingang van het verborgen slingerpaadje niet vinden.

Gelukkig kreeg Snuf al snel door wat de bedoeling was. Zonder aarzelen liep hij naar de juiste plek, waar hij bleef staan en luid begon te blaffen om de aandacht van de jongens te trekken. Die volgden meteen hun gids, die in het hoge riet verdween.

Alsof hij begreep dat ze het zonder hem niet afkonden, liep Snuf langzaam voor hen uit. Bij elke grillige bocht wachtte hij op hen om hen voor levensgevaarlijke misstappen te behoeden. Ze bereikten dan ook zonder problemen de overkant, waar ze hun fietsen opzochten, die nog veilig en wel op de oude plek stonden.

Met de fietsen aan de hand staken ze het ruige land over naar de weg. Daar wilden ze opstappen, maar Tom bedacht zich.

'Wacht even, jongens. We moeten eerst een plan maken.' Hij stak de weg over, zette zijn fiets tegen een landhek en ging nietsvermoedend zitten op iets dat tussen het onkruid op de grond lag. Een seconde later veerde hij met een pijnlijk gezicht weer omhoog. Het 'iets' waarop hij was gaan zitten was een rol prikkeldraad. De boer die eigenaar was van het weiland was blijkbaar van plan een deel van de verroeste draadafscheiding te vernieuwen en had die rol hier alvast neergelegd. Tom kwam tot de 'pijnlijke' ontdekking dat het niet zo'n geslaagd zitplekje was.

Zijn vrienden vonden het erg grappig en Tom was even later zo verstandig zelf ook maar mee te lachen.

'Wat zijn jullie voor vrienden! Maar als je met mij geen medelijden hebt, dan toch misschien wel met Snuf. Die is er slecht aan toe en kan onmogelijk zo snel lopen als wij moeten fietsen. Jullie moeten dus maar snel naar de politie fietsen, dan kom ik wel lopend met Snuf achter jullie aan.'

Tom had gelijk. Snuf mocht niet worden afgebeuld. Maar dat Tom zou achterblijven stond de anderen ook niet aan. Hij was gewoonlijk de leider van het groepje en ook de woordvoerder. Een voor een boden ze dan ook aan de rol van hondenoppasser van hem over te nemen, maar Tom weigerde vastberaden.

'Snuf is van mij en ik moet voor hem zorgen. Ga nu maar snel, want lange Lubbert blijft heus niet zitten wachten!'

Aarzelend stemden zijn vrienden ermee in. Ze pakten opnieuw hun fietsen, maar nu was het Bertus die plotseling stilstond. Met zijn hand boven zijn ogen tuurde hij langs de weg naar een bewegende rode stip die van heel ver naderde.

'Wat is er?' vroeg Karel verbaasd.

'Daar komt iets aan. Een felrode auto. Dat is... het is precies de kleur van Doerakkers auto!'

Ingespannen staarden ze alle vier naar de bewegende stip die langzamer groter werd.

'Dat is hem vast!' riep Tom vol overtuiging. 'Hij gaat er natuurlijk vandoor en dit is de beste weg om er ongezien tussenuit te knijpen. We moeten hem tegenhouden!'

Opgewonden en angstig praatten ze door elkaar heen. Ze waren het allemaal eens met Tom. Lubbert moest tegengehouden worden. Maar hoe? En zelfs als het lukte, zouden ze hem dan kunnen overmeesteren en vasthouden? De kerel had tenslotte een pistool en hij was tot het ergste in staat.

De tijd drong. De rode stip was al veel groter geworden en nu duidelijk herkenbaar als een auto die hard over de smalle weg reed.

'We kunnen toch niet voor de auto springen om hem tegen te houden,' mompelde Dick wanhopig.

'Als we dat doen, rijdt die dief gewoon over ons heen,' antwoordde Karel.

De woorden van zijn vrienden brachten Tom plotseling op een idee. Hij dacht er een paar seconden over na en wees naar een plek, zo'n twintig meter verderop, waar een paar hoge vlierstruiken stonden, net bij een scherpe bocht van de weg.

'Daar gaan we ons verdekt opstellen met de fietsen aan de hand. We gluren tussen de bladeren door tot we zeker weten dat het lange Lubbert is. En dan, net als hij vaart mindert om de bocht te nemen gooien we onze fietsen op de weg en ook die rol prikkeldraad. Daar vliegt hij dan bovenop en dan *moet* hij wel stoppen! Het is onze enige kans!'

Zijn vrienden knikten. Er brandden wel honderd vragen op hun lippen, maar niemand wist iets beters dan dit onzinnige plan en er was geen seconde meer te verliezen.

Ze pakten snel hun fietsen en holden naar de vlierbossen. Tom was de laatste. Hij had de zware rol prikkeldraad op zijn bagagedrager gelegd.

Vlug gaf hij de laatste aanwijzingen. Iedereen kreeg zijn plek toegewezen. Bertus zou niet alleen zijn eigen fiets, maar ook die van Tom voor zijn rekening nemen, want die zou letterlijk zijn handen vol hebben aan de rol prikkeldraad.

Snuf werd naar de achterste rij verwezen en moest op bevel 'dood liggen', zodat hij Doerakker niet zou alarmeren.

Tom gluurde door een opening in de dichte bladeren. De auto kwam nu heel snel dichterbij. Er was bijna geen twijfel meer mogelijk: dit moest de rode auto van lange Lubbert zijn. Toch had Tom zijn vrienden gewaarschuwd dat ze alleen tot de aanval mochten overgaan als hij het teken gaf.

Dat teken zou hij pas geven als hij de man achter het stuur kon zien en er honderd procent zeker van was dat het inderdaad de dief was.

In die halve minuut van wachten vlogen er duizend gedachten door Toms hoofd. Hij begreep heel goed dat ze een enorm risico namen met de uitvoering van het door hem bedachte plan. Het was levensgevaarlijk, misschien voor Doerakker, maar zeker ook voor hen! Hun fietsen zouden in elk geval helemaal kapot zijn, maar dat was het ergste niet. Toch aarzelde Tom niet. In die aanstormende auto lag waarschijnlijk de zak met de enorme schat van Dicks vader. Als zij er niet in slaagden die terug te veroveren zou het misschien voorgoed te laat zijn, ook al werd Lubbert later nog eens ergens gepakt. Tom had nog steeds een vervelend schuldgevoel, omdat hij door zijn domme loslippigheid het geheim aan hun gevaarlijke tegenspeler had verraden.

Als ze alles op alles zetten, zouden ze misschien toch nog winnen.

In zijn hart bad hij of God hen wilde helpen en bewaren bij wat er ging gebeuren.

Zijn vrienden wachtten al net zo gespannen. Zelfs Snuf scheen te beseffen dat er een heel kritiek moment naderde. Hij bleef wel gehoorzamen aan het bevel om doodstil te blijven liggen, maar zijn kop was opgeheven en zijn intelligente ogen fonkelden.

De rode auto was tot op minder dan honderd meter genaderd. De bestuurder reed nog steeds roekeloos hard over de smalle weg die in vrij slechte staat was.

Tom tuurde aandachtig. Die lompe figuur, het brede gezicht... er was geen twijfel meer mogelijk.

'Het is hem, jongens! Wacht op het teken!'

De auto hobbelde over de gaten in het wegdek. Lubbert zag de scherpe bocht en minderde vaart. Hij bereikte de kritieke plek.

'Nu!' riep Tom, zo hard dat hij het geluid van de motor overstemde. Vier fietsen en een rol prikkeldraad werden vrijwel gelijktijdig vlak voor de auto op het wegdek gesmeten.

Lubbert schrok ontzettend. Hij trapte op de rem en probeerde uit te wijken, maar het was al te laat. Het linkervoorwiel botste met een enorme klap tegen de rol prikkeldraad.

De auto vloog er schuin overheen, schoot naar rechts, nam in zijn vaart een paar fietsen mee en kwam, half op zijn kant, tot stilstand in een wirwar van verbogen stangen, met beide rechterwielen in een greppel naast de weg. De motor was afgeslagen.

Lubbert zelf was er goed van afgekomen. Al stond de doodschrik nog op zijn gezicht te lezen. Hij had wel een enorme bult op zijn hoofd, maar dat was een souvenir van het balkje waarmee Karel hem in de molen had geraakt.

De vier jongens waren uit hun schuilplaats tevoorschijn gekomen. Ze waren overdonderd door hun succes, maar tegelijk drong het tot hen door dat het nu pas goed begon. Ze zouden Doerakker moeten overmeesteren en ze hadden geen wapens.

Dat de kerel geen plannen had om hen met lieve woordjes welkom te heten, zagen ze al heel snel. Zijn gezicht vertrok van woede en zijn ogen puilden bijna uit hun kassen toen hij ontdekte wie zijn belagers waren.

'Jullie!' schreeuwde hij door het open raampje. 'Lastpakken! Nu zal ik voorgoed met jullie afrekenen!'

Hij greep om zich heen, pakte iets op, opende het portier en kwam naar buiten. In zijn linkerhand had hij het pistool en in zijn rechterhand een zware ijzeren staaf. Uit alles bleek dat hij van plan was die wapens ook te gebruiken. De kerel was razend nu zijn vluchtplan dreigde te mislukken. Hij stormde op de jongens af, die angstig uiteen weken.

De toch al zo toegetakelde Snuf was de enige die het tegen de woesteling durfde op te nemen, omdat hij zag dat zijn baas in gevaar was.

Hij schoot recht op Lubbert af. Die probeerde hem met de ijzeren staaf neer te slaan, maar de hond was hem te vlug af.

Toen richtte de dief zijn pistool. Er klonk een knal. Snuf rolde ondersteboven, jankend van de plotselinge pijn, maar hij kwam meteen weer

overeind. Er begon een rode striem te ontstaan in de donkere vacht op zijn rug. Het schampschot was wel pijnlijk, maar niet dodelijk.

'Snuf, kom hier!' riep Tom, die niet wilde dat zijn trouwe vriend zou worden afgemaakt.

De hond gehoorzaamde.

'Jullie gaan eraan!' schreeuwde lange Lubbert terwijl hij het pistool weer op hen richtte. In paniek gingen de jongens ervandoor terwijl Snuf met hen meeholde.

Weer klonk er een knal. 'Zigzaggend lopen!' schreeuwde Tom. Hij gaf zelf het voorbeeld door telkens van richting te veranderen om hun achtervolger minder kans te geven hen te raken.

Lubbert kon met zijn lange benen verbazend hard lopen en doordat hij in een rechte lijn achter hen aanholde, begon hij hen in te halen.

Ze renden nu allemaal over het ruige land. Tom wierp een angstige blik over zijn schouder en zag dat de dief gevaarlijk dichtbij kwam. Hij had nog steeds zijn wapens in zijn handen. Zijn voeten leken wel vleugels te hebben en zijn gezicht stond vastberaden.

Dichtbij was het hoge riet van de dode rivierbocht. Dat bracht Tom op een idee. Hij zwaaide met zijn arm naar zijn vrienden om hun aandacht te trekken en liep nu recht op de plek af waar het sluipweggetje begon. De anderen begrepen wat hij van plan was en volgden hem.

Dick kon het tempo niet meer bijbenen. Lubbert had hem bijna ingehaald en klemde de ijzeren staaf vaster in zijn hand om de jongen neer te slaan. Dick hoorde de hijgende adem van de kerel vlak achter zich. Hij zag maar één uitweg, al bood die slechts een kleine kans. Plotseling, net op het moment dat lange Lubbert de stang hoog ophief, liet hij zich vallen, pal voor de voeten van zijn vijand, die daar niet op bedacht was. De kerel viel voorover en smakte tegen de grond.

Een moment bleef hij beduusd liggen. In zijn val had hij de stang losgelaten, maar met zijn linkerhand omklemde hij nog steeds het pistool. Dick was binnen een seconde weer op de been. Hij stoof Doerakker voorbij, achter zijn vrienden aan.

Die waren inmiddels al dicht bij de rietkraag gekomen. Tom, die vooropliep, probeerde al hollend de opening te ontdekken, maar weer was het Snuf die er met grote sprongen recht op afrende en op de juiste plek bleef wachten, waardoor zijn vrienden geen tijd met zoeken hoefden te verspillen.

Lubbert krabbelde vloekend weer overeind. Hij raapte de stang op en zette opnieuw de achtervolging in. Blijkbaar dacht hij dat zijn slacht-offers tegen de rivierarm vastliepen en nu wel gauw in zijn handen zouden vallen.

Tot zijn verbazing zag hij ze een voor een in het riet verdwijnen, maar het verontrustte hem niet. Hij had zelf al eens een dag besteed om hier een pad naar de molen te zoeken, maar hij had niets gevonden. Hij begon dan ook wat minder hard te lopen en grijnsde wreed. In die rietwildernis zouden de jongens verdrinken en als dat niet snel genoeg gebeurde, zou hij ze wel een handje helpen...

Even later had hij de rand van de rietkraag bereikt. Met de ijzeren staaf schoof hij de rietstengels opzij, terwijl hij speurend zocht naar de schuilplaats van zijn prooi.

Er was niets te zien.

Driftig maaide hij met de stang de hoge stengels neer. Het hielp niet. De vluchtelingen bleven onvindbaar.

Doerakkers drift laaide nog feller op. Hij wilde tot elke prijs afreke-nen met de jongens die heel zijn slimme plan om zeep hadden gehol-pen. Daarna zou hij wel verder zien en een plan maken hoe hij er toch nog met de buit vandoor kon gaan.

Briesend van woede zocht hij links en rechts van de plaats waar hij de jongens en de hond had zien verdwijnen, ondertussen prikte hij steeds in de bodem, maar overal was onbegaanbaar slik en zwart drabbig water.

Hij rende terug naar de eerste plek. Hier moest het zijn. Toen hij zich vooroverboog en aandachtig keek zag hij inderdaad indrukken van voetstappen. Dus toch!

'Ik zie jullie wel! Kom onmiddellijk hier of ik schiet jullie door je kop!'

De vier jongens, die heel voorzichtig hun weg zochten door het gevaarlijke moeras, schrokken van de woedende stem die luid in hun oren klonk. Onwillekeurig doken ze in elkaar, doodstil wachtend.

Er knalde een schot. 'Ik waarschuw niet meer: de volgende keer schiet ik raak!'

Lubbert hoopte de vluchtende jongens zoveel angst aan te jagen, dat ze zouden terugkomen, maar het omgekeerde gebeurde.

'Hij kan ons helemaal niet zien,' fluisterde Tom. Heel behoedzaam, terwijl ze geen geluid probeerden te maken, gingen ze weer verder. De slimme Snuf, die precies leek te begrijpen wat er van hem werd verwacht, gaf de weg aan.

De zigzagtocht door het riet en de struiken leek eindeloos lang te duren nu Doerakker zo dichtbij stond te tieren en de vreselijkste bedreigingen naar hen schreeuwde.

De kerel begon te begrijpen dat zijn gebrul geen resultaat had en dat zijn prooi zou ontsnappen. Hij stopte met schreeuwen.

De plotselinge stilte was voor Tom en zijn vrienden beangstigender dan het voorafgaande lawaai. Ze probeerden voorzichtig elk geluid te vermijden, al was dat heel moeilijk, want hun voeten zogen zich voortdurend vast in het slijk en als ze die dan weer lostrokken, maakte dat een smakkend geluid. Angstig vroegen ze zich af wat Lubbert nu weer uitspookte. Veel goeds kon het niet zijn.

Daar hadden ze gelijk in. De dief begon de jongens te volgen in het hoge riet. Hij speurde naar elke voetafdruk en stak voortdurend met de ijzeren staaf in de grond om te weten waar hij verder kon gaan.

14
Een geslaagde list

De vier jongens bereikten zonder verdere ongelukken het grasland waar Snuf al op hen wachtte, maar veilig voelden ze zich niet.

Waar was lange Lubbert mee bezig? De vreemde stilte was dreigend en ze stonden doodstil te luisteren.

Toen hoorden ze het: zacht ritselen van het riet en soms een zuigend en smakkend geluid! Hun achtervolger was erin geslaagd het geheime pad te vinden en volgde het nu stap voor stap.

De jongens schrokken. Wat nu?

Karel wees naar de molen en fluisterde zacht: 'Laten we snel naar boven klimmen en de ladder optrekken, dan zijn we veilig.'

Even leek dat de uitweg. Nu Nero was verdwenen kon Lubbert geen bewaker achterlaten en zelf kon hij ook niet blijven, zeker niet zolang zijn auto met de gestolen schat onbeheerd in de greppel lag.

Maar Tom wees naar zijn hond en zei zacht: 'Dan schiet hij Snuf dood.' Dat begrepen de anderen ook. Snuf kon de ladder niet opklimmen en zou alleen beneden moeten achterblijven. Het dappere dier was tegen Doerakker wel opgewassen, maar niet tegen zijn pistool.

Verdere woorden waren niet nodig. Ze zouden hun viervoetige vriend niet zomaar door de bruut laten afmaken. Dan gingen ze liever in de aanval!

Bertus holde naar een lage wilg, die iets verderop aan de rand van het riet stond. Onder het lopen haalde hij zijn zakmes tevoorschijn om zo snel mogelijk een stevige tak af te snijden die hij als wapen zou kunnen gebruiken.

De anderen volgden meteen zijn voorbeeld. Alleen Dick had geen zakmes. Hij keek wanhopig rond, vond een puntige steen en besloot die dan maar mee te nemen. Het was altijd beter dan niets.

Terwijl ze koortsachtig de takken probeerden los te krijgen, stelde Tom haastig een aanvalsplan voor.

'We gaan bij de uitgang van het pad op de grond liggen. Als hij tevoorschijn komt, springen we overeind. Dan slaan we hem zo hard op zijn handen dat hij het pistool laat vallen.'

De anderen knikten. Bertus had als eerste zijn tak losgesneden en rende naar de plek waar ze zich zouden opstellen.

Dick was hem onmiddellijk gevolgd en ging op zijn knieën naast Bertus liggen. Hij voelde zich nogal hulpeloos met alleen maar een steen als wapen. Maar hij was vastbesloten toch zijn aandeel te leveren in de komende strijd.

Enkele seconden later voegden Tom en Karel zich bij hen. Dicht tegen de rietzoom aangedrukt wachtten ze op de komst van hun vijand. Snuf lag vlak bij Tom, die zijn hand op de kop van zijn hond had gelegd om hem rustig te houden tot het kritieke moment was gekomen. Doerakker naderde langzaam. Veel te langzaam, bedacht Tom opeens. Dat kon alleen maar betekenen dat de kerel uiterst voorzichtig vooruitkwam en de bodem steeds weer zorgvuldig inspecteerde voordat hij een nieuwe stap deed...

Als hij zo behoedzaam te werk ging, zou hij ook wel erg goed opletten of hij al bij de uitgang van het pad was. En dan had hun primitieve aanvalsplan misschien maar weinig zin...

Tom dacht even diep na. Toen deed hij plotseling iets waar zijn vrienden enorm van schrokken. Hij sprong omhoog, rende een paar meter langs de rietzoom, stond stil en begon hard te lachen. Vervolgens riep hij spottend: 'Waar zit je, lange Lubbert Gladakker? Kom je nog een keer? Dan zullen we je in elkaar slaan!'

Er kwam een woedend gebrul als antwoord. Driftig begon Doerakker harder te lopen.

Twee seconden later hoorden de jongens hem met een luid geritsel en gespetter vooroverslaan. De list van Tom had het resultaat opgeleverd waarop hij had gehoopt. Lubbert had in zijn woede alle voorzichtigheid uit het oog verloren, was naast het pad gestapt en in het diepe slijk terechtgekomen.

Ze hoorden hem spartelen en konden aan het geluid goed horen wat er gebeurde. Blijkbaar lukte het hem weer overeind te krabbelen. Hij deed vloekend en scheldend een paar moeizame stappen en probeerde het paadje terug te vinden, maar dat lukte blijkbaar niet. Hij slaakte weer een gil, stond stil en leek na te denken wat hij moest doen, maar de modder zoog zich vaster om hem heen en zijn zware lichaam zonk steeds dieper weg in het moeras.

In zijn angst nog verder weg te zakken, probeerde hij weer in beweging te komen. Het lukte niet. Zijn benen zaten al te vast en hij zakte steeds dieper het moeras in.

De jongens wachtten in uiterste spanning af, terwijl ze naar alle geluiden luisterden die vanuit het moeras tot hen doordrongen. Lubbert deed blijkbaar telkens weer wanhopige pogingen om los te komen. Hij maaide met zijn armen, greep zich vast aan rietstengels, boog zijn zware lichaam voorover, trok uit alle macht met zijn benen en begon ten slotte te kreunen van inspanning, woede en angst.

'Hij kan... hij kan wel stikken in het slijk,' zei Dick zacht.

De anderen knikten met bleke gezichten. Een minuut geleden waren ze nog dolblij geweest dat hun achtervolger vastzat en hun geen kwaad meer kon doen. Tom was trots op zijn gelukte list. Maar dat Doerakker op deze manier zou omkomen, dat was niet de bedoeling geweest...

De man scheen nu ook zelf te beseffen welk lot hem te wachten stond. Op heel andere toon dan daarvoor begon hij te roepen: 'Jongens, zijn jullie daar? Help me eruit, anders verdrink ik. Ik zal jullie niets doen!'

De vrienden keken elkaar weifelend aan. Ze moesten helpen, dat was duidelijk. Maar hoe? Het moest in elk geval zo gebeuren dat de rollen niet weer werden omgekeerd, want een belofte van lange Lubbert was bepaald geen goede garantie.

Het slachtoffer in het moeras vatte hun zwijgen verkeerd op en dacht dat ze hem koelbloedig wilden laten omkomen. Hij begon op een vreselijke manier te kermen en te smeken en zakte ondertussen steeds dieper weg. De jongens keken elkaar vragend aan.

Tom nam de leiding.

'Gooi het pistool hier naartoe en de stang ook. Dan zullen we kijken of we je kunnen helpen!' riep hij.

De doodsangst had van Lubbert een lammetje gemaakt. Het vuur-
wapen kwam met een boog over het riet aanvliegen. Tom raapte hem
vlug op en stak het in zijn zak. Hij had nog nooit een pistool gebruikt,
maar het bezit ervan zou wel voldoende zijn Lubbert in bedwang te
houden.

'En nu die ijzeren stang nog!'

'Daar kan ik niet meer bij. Die is uit mijn hand geschoten toen ik
vooroverviel. Help me snel, anders is het te laat!'

Ze aarzelden niet langer, maar liepen – Tom en Snuf voorop – naar de
plek waar hun vijand vastzat. Ze liepen nog voorzichtiger dan anders,
want het was nu wel duidelijk welke gevolgen een enkele misstap kon
hebben.

Doerakker zag er echt vreselijk uit. De modder zat tot in zijn haren,
zijn gezicht was zwart en hij was tot zijn middel weggezakt in het
dodelijke moeras. Op eigen kracht zou hij nooit meer loskomen en
het was de grote vraag of de jongens hem konden redden.

Hulpeloos stonden ze te kijken, maar Lubbert had in zijn angst al wat
bedacht.

'In de kofferbak van mijn auto ligt een lang stuk touw. Haal dat snel,
dan kunnen jullie me eruit trekken!'

'Zit de auto op slot?' vroeg Tom.

'Hier zijn de sleutels. De kleinste is het.' Met een nors gezicht gooide
Lubbert de sleutelbos naar de jongen, die ze handig opving en meteen wegrende terwijl Snuf voor hem uit liep.

De anderen bleven wachten en bewaakten Doerakker, hoewel dat
eigenlijk niet nodig was, want hij kon onmogelijk ontsnappen. Bij
iedere beweging die hij maakte zakte hij nog een beetje dieper weg
in het slijk.

Voor het gevoel van de jongens duurde het ontzettend lang voordat
Tom terugkwam. Ze werden zelfs een beetje ongerust en besloten
eens te gaan kijken, maar Lubbert, die hun gesprek had gevolgd, vertrouwde het blijkbaar niet en was bang dat hij in de steek zou worden gelaten. Hij begon opnieuw hartverscheurend te jammeren. Hij
smeekte het drietal hem niet hulpeloos achter te laten, want dan zouden ze een moord op hun geweten hebben. Ze werden er een beetje
misselijk van en ten slotte snauwde Bertus kortaf dat hij zijn mond
moest houden, omdat ze er anders zeker vandoor zouden gaan.

Dat hielp. De schreeuwlelijk zweeg meteen, maar het angstzweet parelde op zijn bemodderde gezicht.

Even later hoorden ze Snuf vrolijk blaffen. Daar kwam hij aan met zijn baas. Tom zag er heel tevreden uit. Hij had een lang, stevig touw bij zich en verder een oude zak, maar wat zijn vrienden verbaasde, was dat hij ook een schrijfblok en een pen bij zich had.

Het heeft even geduurd, jongens, maar ik heb m'n tijd goed gebruikt.'

Hij draaide zich naar lange Lubbert en voegde eraan toe: 'Ik ben zo vrij geweest niet alleen een touw en een oude zak uit de kofferbak te halen. Maar ik heb ook even binnenin de auto rondgeneusd. Ik ging ervan uit dat je daar geen bezwaar tegen had.'

Aan Lubberts gezicht was wel te zien dat Tom zich op dit laatste punt erg vergiste, maar de dief was wel zo wijs dat niet hardop te zeggen. Hij gromde alleen iets onverstaanbaars.

Tom ging opgewekt verder: 'Ik heb een schrijfblok en een pen uit het dashboardkastje gepakt en nu heb ik op de eerste bladzij een verklaring geschreven die jij moet ondertekenen voor we je kunnen helpen. Ik zal hem even voorlezen. Dit staat er:

„Ondergetekende, Lubbert Doerakker, verklaart dat hij Dick Brandt, Karel van Doorn, Bertus Verhoef en Tom Sanders van hun vrijheid heeft beroofd, op hen heeft geschoten en met geweld en bedreiging de door hen ontdekte juwelen en gouden sieraden heeft gestolen, die verborgen zaten in de molen, genaamd 'Vrijheid', en het eigendom zijn van mevrouw Brandt."

Dat was het. Onder dit briefje zet jij je handtekening. Vervolgens gaan wij proberen je uit de modder te trekken.'

Lubberts gezicht was eerst rood en vervolgens paars geworden.

'Dat onderteken ik niet!' blafte hij.

'Niet? Nou, even goeie vrienden. Kom jongens, we gaan.'

Tom voegde de daad bij het woord en zijn vrienden, die stomverbaasd hadden toegekeken, volgden hem.

Ze hadden nog maar een paar meter gelopen, toen lange Lubbert hen op klagerige toon terugriep.

'Jongens, luister nou es effe. Laten we er eerst even over praten.'

Tom draaide zich om en haalde zijn schouders op.

'Veel tijd is er niet meer. Als jij nog een beetje dieper wegzakt, krijgen we je er nooit meer uit!'

'Help me dan toch snel, voor het te laat is!'

'Eerst tekenen.'

'Dat kan ik hier toch niet doen!'

'O, jawel! Ik gooi het schrijfblok en de pen naar je toe. Jij vangt ze op zonder te missen, tekent en gooit ze terug. Het is zo gebeurd!'

'Maar... maar... dat is toch onzin. Ik begrijp best dat jullie mij aan de politie willen overdragen. Die regelt het dan verder wel. Daar moeten jullie je buiten houden.'

Tom keek hem onbewogen aan. 'Ik vertrouw je niet. Ik wil een ondertekende schuldbekentenis vooraf, zodat je niet achteraf kunt proberen je er met leugens uit te praten. Maar als jij vindt dat wij ons er buiten moeten houden, zullen we de politie gaan waarschuwen. Die moet het dan verder maar opknappen. We zullen ze precies vertellen waar ze je vanavond in het slijk – of onder het slijk – kunnen vinden.'

Tom draaide zich weer om, maar hij had nog geen stap gezet of de kerel schreeuwde met rauwe stem: 'Gooi op dat ding, dan zal ik tekenen.'

De pen suisde door de lucht, gevolgd door het schrijfblok. Doerakker ving ze allebei op, las het briefje door, zette zijn handtekening en smeet alles terug naar Tom. Die controleerde eerst de ondertekening, scheurde toen het beschreven velletje uit het blok, vouwde het zorgvuldig op en stak het in zijn zak.

'Goed. Dan krijgen we nu de operatie moddergeus! Knoop deze oude zak om je middel, dan snijdt het touw minder. Vang!'

Tom gooide eerst de jutezak en vervolgens het uiteinde van het touw naar Lubbert, die de aanwijzingen precies opvolgde, de zak omdeed en het touw eromheen knoopte.

Nu was de beurt aan zijn helpers. Ze pakten alle vier het andere uiteinde van het touw zo goed mogelijk beet, zetten zich schrap op het paadje en begonnen hard te trekken. Maar het hielp niets. Lubberts bovenlichaam schoot vooreover, maar zijn onderlichaam bleef vastzitten.

Ze probeerden het opnieuw, en trokken steeds harder, maar het moeras liet zijn prooi niet los.

Hijgend rustten ze ten slotte even uit. Het was duidelijk dat het zo niet ging lukken.

Tom keek zoekend en een beetje radeloos om zich heen. Opeens kreeg hij een idee.

Op twee meter afstand stond een boom naast het pad. Erg dik was hij niet, maar hij was toch groter dan alles wat er verder groeide en hij leek wel geschikt.

Het touw was net lang genoeg om het uiteinde om de stam te wikkelen en stevig vast te knopen. In een paar minuten had Tom dit karweitje geklaard. Toen richtte hij zich weer tot Lubbert.

'Nu ligt het verder aan jezelf. Trek maar uit alle macht en probeer je los te krijgen.'

Lubbert deed echt zijn uiterste best. Zijn grote hoofd leek bijna te barsten van de inspanning.

Het hielp een beetje. Hij kwam bijna horizontaal te liggen en toen konden Bertus en Tom, die de langste armen hadden, hem precies bij zijn schouders pakken om mee te helpen trekken.

Toen opeens schoot hij los. Zijn zware lichaam kwam, tegelijk met een enorme stroom blauwzwarte stinkende modder, op het pad terecht.

Tom en Bertus hadden moeite om op hun benen te blijven staan. Als een nijlpaard vol modder lag Lubbert tussen hen in, terwijl hij een geur van moerasgas verspreidde die bijna niet te verdragen was.

Dick kneep demonstratief zijn neus dicht en Karel mompelde: 'We wisten altijd al dat er een raar luchtje aan hem zat, maar dat het zo erg was wist ik niet.'

Lubbert hoorde het wel, maar hij was zo wijs zijn gevoelens niet meer te tonen. Hij krabbelde moeizaam overeind en knoopte het touw los. Een woord van dank voor zijn helpers kon er niet af. Hij keek alleen even met een schuin oog naar Tom, die voor alle zekerheid het pistool tevoorschijn had gehaald. Bertus en Karel hadden nog steeds hun boomtak en Dick zijn steen.

Het werd Doerakker blijkbaar voldoende duidelijk dat hij voorlopig geen kans had om te vluchten. Hard lopen zou er voor hem trouwens niet bij zijn. Zijn broek was loodzwaar van het vieze slijk. Inktzwarte straaltjes liepen uit de pijpen.

Tom nam weer de leiding.

'We gaan terug naar de weg. Ik ga met Snuf voorop. Achter mij volgt Doerakker, dan Bertus, daarna Dick en als laatste Karel. Bertus, houd jij het pistool zolang bij je? Ik wil mijn handen graag vrij hebben.'

Bertus nam grijnzend het wapen over. Hij begreep best wat de bedoeling was: degene die vlak achter Lubbert liep, moest de gevangene met het pistool in de gaten houden.

De stoet stelde zich op en zette onder leiding van Snuf koers naar het begroeide stuk land. Zonder veel moeite bereikten ze de vaste wal en vervolgens de weg.

Daar was nog weinig veranderd. De rode auto hing half in de greppel. Alleen de kapotte fietsen en de rol prikkeldraad lagen naast de weg. 'Dat heb ik gedaan,' vertelde Tom. Het leek me beter om de weg vrij te maken voor het verkeer. Druk is het hier niet, maar er komen toch altijd wel een paar auto's langs en die konden er bijna niet voorbij.' Lubbert was bezig de ergste slijkklodders van zijn druipnatte broek te verwijderen. Veel hielp het niet. Hij zag er ontoonbaar uit. 'Je hebt de kofferbak toch wel weer op slot gedaan?' informeerde hij wantrouwend. 'Natuurlijk!' antwoordde Tom. 'Controleer zelf maar.' Hij gooide de autosleutels naar Lubbert toe. Die ving ze vlug op en opende snel de kofferruimte om een blik naar binnen te werpen. Met een tevreden gezicht sloeg hij het deksel weer dicht. Karel, Bertus en Dick, die vlak bij elkaar stonden, keken elkaar veelbetekenend aan. Ze hadden alle drie de grote, gevulde zak gezien die in de kofferbak stond en begrepen de bedoeling van hun gevangene. Hij wilde zeker weten of de gestolen buit nog steeds in de auto lag. Het was duidelijk dat de kerel nog steeds hoopte met de gestolen schat te ontsnappen. Tom had niet op Lubbert gelet. Hij was bezig met Snuf en onderzocht de wonden van het dier. Ze bloedden niet meer. Ondanks alles leek het vrij goed met hem te gaan. Karel boog zich over de fietsen en bekeek ze aandachtig. 'Alleen nog maar goed voor de schroothoop,' mompelde hij. Zo was het inderdaad. Bijna alles aan de vier fietsen was verbogen of gebroken. Het zag er niet naar uit dat ze ooit weer op een van die fietsen zouden kunnen rijden. Dat was jammer, maar het was nu eenmaal de prijs die ze moesten betalen om de gestolen schat weer in handen te krijgen. De winst was heel wat groter dan het verlies. Doerakker gedroeg zich bijna alsof hij weer een vrij man was, al vergiste hij zich daarin wel, want Tom had het pistool, dat hij weer van Bertus had overgenomen, en Snuf was er ook nog. De dief liep keurend om zijn auto heen. Die was er nog redelijk goed van afgekomen. Toen Lubbert het portier opende en de auto startte, bleek de motor normaal te lopen.

Met een voor zijn doen vriendelijk gezicht draaide hij zich naar de vier vrienden.

'Jongens, ik geef toe dat ik het spel verloren heb! Jullie zijn nu de baas en jullie gaan mij natuurlijk aan de politie overdragen. Daar is niks meer aan te doen. Ik wil nu vrede met jullie sluiten. Dat is ook in mijn eigen belang. Laten we proberen mijn auto uit de greppel te duwen en de kapotte band te verwisselen. Dan rijden we samen naar het politiebureau. Ik hoop dat jullie daar een goed woordje voor me zullen doen. Ik heb echt spijt van wat ik heb gedaan.'

Bij die laatste woorden hadden de jongens moeite om niet in lachen uit te barsten. Lubbert had natuurlijk alleen maar spijt dat zijn ontsnapping met de buit was mislukt! De kerel was en bleef volkomen onbetrouwbaar.

Tom was de eerste die wat zei. Het leek alsof hij een beetje aarzelde, wat zijn vrienden niet van hem gewend waren.

'Wat ben je van plan als we je helpen met de auto?'

Doerakker deed zijn best om oprecht verontwaardigd te kijken.

'Van plan?' Dat heb ik toch gezegd! Als die auto hier achterblijft, ben ik hem kwijt. Daarom, als ik toch naar de politie moet, dan liever in mijn eigen auto. Vertrouwen jullie me niet?'

'Voor geen cent!' zei Tom glashard.

Lubbert begreep het en antwoordde onmiddellijk: 'Dat hoeft ook niet! Ik rijd, maar degene die achter mij zit kan me met het pistool dwingen om te doen wat jullie willen. Bovendien zijn jullie met zijn vieren en als je dat mormel meetelt zelfs met zijn vijven. Ben je dan nog bang?'

'Snuf is geen mormel!' riep Dick verontwaardigd, maar Tom scheen zich van de belediging weinig aan te trekken.

'We moeten zorgen dat we hier vandaan komen,' zei hij tegen zijn vrienden, alsof hij hardop aan het denken was. 'De auto van Doerakker is voorlopig onze enige mogelijkheid. We zullen hem natuurlijk goed in de gaten houden.'

Toen draaide hij zich naar Lubbert en voegde eraan toe: 'Goed, we doen mee!'

'Leve de samenwerking,' grijnsde de kerel. Hij liep naar de achterkant van de auto, deed de kofferbak open, pakte zijn gereedschap en haalde ook het reservewiel eruit. Hij sloot de bak weer zorgvuldig af.

Toms vrienden waren nog steeds een beetje verbaasd dat hij zo snel had ingestemd met het voorstel van lange Lubbert. Misschien had hij wel gelijk, maar toch...

Ze bleven aandachtig en wantrouwend toekijken of de grote kerel niets van plan was, maar daarvan was geen sprake. Hij was druk bezig om de moeren van het wiel los te draaien en al gauw ging Karel, die nogal technisch was aangelegd, hem een handje helpen.

Het karwei was aardig vlug geklaard. Nu kwam het moeilijkste. Ze moesten de auto uit de greppel zien te krijgen. Daar was zeker de samenwerking van vijf paar handen voor nodig. Na enkele verwoede pogingen lukte het de auto weer op de weg te krijgen.

Terwijl ze nog nahijgden vanwege de enorme krachtsinspanningen gebeurde er iets onverwachts. Lubbert rukte het portier open, deed hem meteen weer op slot, startte en gaf plankgas.

'Houd hem tegen!' schreeuwde Bertus. Hij probeerde de zijdeur open te rukken, maar ook die zat op slot.

Karel en Dick stormden naar de achterbumper om de auto tegen te houden, maar de dief schakelde plotseling in zijn achteruit en gaf weer een dot gas, zodat de twee jongens omvervielen en bijna onder de wielen terechtkwamen.

Voordat ze zich konden herstellen, schoot de auto alweer vooruit. Bertus moest het portier loslaten. Lubbert trok zo snel mogelijk op en toeterde als afscheidsgroet naar het bedrogen viertal.

Snuf rende woedend blaffend een eind achter de rode auto aan, maar Tom riep hem terug.

'Schiet op de banden!' riep Bertus.

Tom had tijdens het werk het pistool in zijn bloes laten glijden. Hij haalde het ook nu niet tevoorschijn, maar schudde zijn hoofd.

'We kunnen geen van allen schieten en we zullen vast geen band raken. De auto is nu ook al te ver weg.'

Dat was waar. Doerakker was hen als een echte gladakker te vlug af geweest en nu konden ze hem niet meer inhalen.

Dick barstte in tranen uit. 'Nu... nu is mijn moeder toch nog alles kwijt,' snikte hij. 'Alleen de afscheidsbrief van mijn vader heb ik nog.'

Karel legde troostend zijn arm om hem heen. 'Misschien krijgt de politie hem nog wel te pakken. Als we maar ergens een telefoon konden vinden om hen te waarschuwen.'

Bertus had zich nog maar eens over de fietsen gebogen, in de hoop dat tenminste een van de fietsen nog enigszins berijdbaar zou zijn. Maar ook dit nieuwe onderzoek leverde niets op.

Ze hadden even niet op Tom gelet. Toen ze weer opkeken was hij spoorloos verdwenen. Ook Snuf was nergens te bekennen.

'Asjemenou...' begon Bertus verbluft, maar hij zweeg plotseling, want op hetzelfde moment kwamen Tom en Snuf tevoorschijn uit de dichte vlierstruiken waarin ze zich een klein uur eerder hadden opgesteld.

Met een voldaan gezicht droeg hij een zwarte zak, die de anderen meteen herkenden.

'Wat is dat?' stamelde Dick, die zijn ogen wijd opensperde om zeker te zijn dat hij werkelijk zag wat hij dacht te zien.

'Dat is de complete schat van je vader. Alles zit erin!' lachte Tom.

'Maar... maar dat kan toch niet?' zei Bertus verbaasd. 'We hebben zelf gezien dat de zak met juwelen en sieraden achter in de kofferbak van de auto stond.'

'Dat dacht Lubbert ook,' grinnikte Tom. 'Maar hij vergiste zich. Ik zal het jullie laten zien.'

Hij had de zak aan de kant van de weg neergezet en knoopte die nu vlug los, terwijl zijn drie vrienden volkomen verbluft toekeken.

Dick huilde niet meer. Hij had een kleur van opwinding en zijn ogen schitterden.

De zak was open. Tom haalde er een in zwart zeildoek gewikkeld pak uit, wikkelde het los en liet de schitterende armbanden en halskettingen zien, die erin verborgen waren.

Het was niet nodig om ook al de andere dozen uit te pakken. De jongens waren overtuigd, maar ze snapten er niets van. Het leek wel toverij!

15
Afscheid van het Eksternest

'Hoe heb je dat voor elkaar gekregen?' Karel stelde de vraag die ook op de lippen van de anderen brandde.

'Dat zal ik jullie vertellen.' Tom had de zak weer stevig dichtgebonden en ging er nu op zijn gemak bij zitten. De anderen volgden zijn voorbeeld.

Jullie hebben vast gemerkt dat ik lang ben weggebleven toen ik het touw uit de auto ging halen waarmee we Lubbert uit de modder zouden trekken. Onderweg naar de auto heb ik lopen denken wat we verder konden doen. We mochten Lubbert natuurlijk niet laten verdrinken, maar hij bleef een gevaarlijke tegenstander. Het zou best kunnen gebeuren dat hij ons te slim af zou zijn.

Nou, toen ik de kofferbak opendeed, zag ik meteen de zak met al de kostbaarheden. Ik besloot die ergens te verstoppen, maar dan het liefst zó, dat Doerakker er niets van zou merken. Ik had geluk: er lagen ook nog een paar lege jutezakken in de kofferbak. Eén ervan zag er net zo uit als de volle.

Nou, toen heb ik vliegensvlug die lege zak gevuld met kluiten, stenen, graspollen, met alles wat ik maar kon vinden. Toen heb ik hem weer netjes dichtgebonden. De zak met sieraden heb ik vliegensvlug verstopt tussen de vlierstruiken en de zak met rommel legde ik ervoor in de plaats. Jullie hebben gezien dat het werkte. Lubbert wilde ons bedriegen, maar ditmaal is hij zelf bedrogen.'

De drie jongens luisterden vol bewondering naar de list van Tom, maar Bertus had nog wel een paar opmerkingen.

'Slim bedacht, vooral nu die vent echt is ontsnapt. Anders waren we alles kwijt geweest. Maar dat het zo zou aflopen kon niemand van tevoren weten.'

Tom zweeg even. Toen begon hij te glimlachen.

'Ik wilde juist dat hij zou ontsnappen,' zei hij rustig.

'Wat?' 'Dat meen je niet.' 'Houd ons nou niet voor de gek!' Ze riepen het allemaal door elkaar heen.

'Ik meen het echt. Natuurlijk wist ik niet honderd procent zeker dat het zo zou gaan als ik in mijn achterhoofd had. Maar de kans zat er toch dik in. Denk eens na. De fietsen zijn alle vier onbruikbaar. De auto was ons enige overgebleven vervoermiddel. Hij was wel behoorlijk beschadigd, maar hij zou waarschijnlijk nog best kunnen rijden als de lekke band was verwisseld. De enige met een rijbewijs was lange Lubbert zelf. Ik verwachtte dat die gladakker wel met een of ander mooi voorstel zou komen en dat klopte ook. Jullie vertrouwden die kerel terecht niet en voelden er weinig voor, maar ik vond het goed, ik stopte zelfs het pistool in mijn bloes, zogenaamd om mijn handen vrij te hebben, maar in werkelijkheid om zijn ontsnappingskans groter te maken.'

Het duizelde Toms vrienden nog steeds een beetje.

'Maar... maar waarom wilde je hem eigenlijk laten ontsnappen?' zei Karel.

'Nou, we hadden natuurlijk kunnen proberen hem naar de politie te brengen, maar die kerel zou in zijn wanhoop en woede tot het ergste in staat zijn en ik wilde ons ook niet in nieuwe gevaren storten.

Het ging ons om de schat. Die heb ik veilig verstopt. Je moet niet vergeten dat de rechter hem niet eens zo erg veel zou kunnen maken. Hij heeft naar de schat gezocht. Nou, dat mocht: wij deden het ook! Misdadig werd hij pas toen hij de kostbaarheden met geweld van ons afpakte, ons op de molenzolder opsloot en er met de buit vandoor ging. Over al die dingen heeft hij een schriftelijke, door hemzelf ondertekende bekentenis afgelegd, die we goed zullen bewaren. Als hij ooit zal proberen wraak te nemen op de moeder van Dick of op ons, geven we dit briefje meteen aan de politie in. Dat snapt hij heel goed en hij zal wel zo slim zijn ons met rust te laten.

Verder is Lubbert al behoorlijk gestraft voor wat hij vandaag heeft uitgespookt. Ga maar na,' Tom telde op zijn vingers: 'Zijn hond is hij kwijt. Ik gun hem het beest best terug, maar hij is nu wel een beetje beschadigd. Zijn auto kan nog rijden, maar zit behoorlijk in de kreukels. Op zijn hoofd heeft hij een bult zo groot als een kokosnoot: een cadeautje van Karel.

Zijn pak zal wel naar de knoppen zijn. In elk geval stinkt hij een uur in de wind. Zijn pistool is hij ook kwijt. Ik ga hem aan oom Kees geven. Die brengt hem volgende week wel naar de politie, als wij weer naar huis zijn. Oom Kees moet natuurlijk vertellen van wie het pistool is, maar daar zal verder wel geen zaak van gemaakt worden. En ten slotte: die stinkende viespeuk denkt nu nog dat hij ons toch te slim af is geweest en een kostbare schat aan goud en juwelen in handen heeft. Als hij vanavond de zak openmaakt en ontdekt dat er alleen maar stenen en kluiten in zitten, zal hij behoorlijk op zijn neus kijken. Hij is dus echt wel genoeg gestraft.'

Tom had gelijk, dat begrepen zijn vrienden ook. In die paar minuten dat hij naar de auto was geweest om het touw te halen, had hij een buitengewoon slim plan uitgedacht, dat tot in de puntjes was geslaagd.

Maar er was nog één groot probleem. Dick bracht het onder woorden. 'Als we nu maar snel naar huis kunnen komen. Mijn moeder zal in spanning op me zitten te wachten en wij hebben zo'n geweldige verrassing voor haar!' Voor dit probleem had zelfs Tom geen kant-en-klare oplossing bij de hand. Er zat niets anders op dan te wachten tot er een auto langskwam. De weg naar het dorp was veel te lang om te lopen. Na al hun avonturen van deze middag en avond waren ze trouwens bekaf.

Veel verkeer was hier niet. Ze hadden voor alle zekerheid de zak weer in de vlierstruiken verborgen en zaten zelf op de grond aan de kant van de weg. Twee keer passeerde er een auto die de verkeerde kant op ging. Eén keer was er een auto die naar het dorp reed, maar de man achter het stuur wilde blijkbaar geen lifters meenemen en reed hen hard voorbij. De rest van de voorbijgangers waren fietsers.

Net toen ze echt ongeduldig begonnen te worden, zagen ze in de verte een vrachtauto aan komen rijden, die op weg was naar het dorp. Hij kwam vrij langzaam dichterbij. De jongens waren vol verwachting overeind gekomen. Dick maakte opeens een sprongetje. Het is de 'Rammelkast' van Koentje! Die neemt ons vast wel mee!'

De anderen waren al genoeg met het dorpsleven en de mensen uit het dorp bekend om te weten wat hij bedoelde. Koentje was een levendige kerel met een gezicht als een gerimpelde appel met twee slimme kraalogen. Hij was er kort na de bevrijding in geslaagd een oude vrachtauto op de kop te tikken die wonder boven wonder de oorlog had overleefd, hoewel de motor hijgend kuchte en steunde en alles aan de wagen rammelde en klepperde.

Koentje was zo arm als een kerkrat, maar hij had een plan: hij wilde een eigen koeriersdienst beginnen! De oude vrachtauto had hij voor een prikkie gekocht en omdat hij twee rechterhanden had en hulp kreeg van een leerling-monteur lukte het hem de motor weer aan de praat te krijgen. Koentje begon vol goede moed met zijn vaste vracht-dienst en de zaak liep op rolletjes. Maar de auto produceerde nog steeds zoveel lawaai, dat iedereen hem de 'Rammelkast' noemde. De naam werd zo gewoon, dat Koentje hem ten slotte maar overnam en hem met grote witte letters op de oude vrachtauto schilderde.

Door zijn humor, zijn werklust, hulpvaardigheid en lage tarieven kreeg hij toch heel wat klanten.

De Rammelkast en Koentje kwamen als redders in de nood. De jongens zagen het en ze hoorden het nog duidelijker!

Tom haalde alvast de zak met de kostbare schat tevoorschijn. Zelfs Snuf scheen te begrijpen wat er gebeurde. Hij ging vrolijk blaffend en kwispelstaartend naast zijn baas staan.

Onder oorverdovend geraas en geratel legde Koentje met zijn voertuig de laatste tientallen meters af. De vier jongens en Snuf stonden midden op de weg en stonden duidelijke stoptekens te gebaren.

Knarsend en kreunend kwam de Rammelkast tot stilstand. Koentje draaide het raampje open en keek verbaasd naar het vijftal.

'Wat is er met jullie aan de hand?'

'We hebben pech gehad!' zei Tom laconiek. 'Onze fietsen zijn kapot-gereden.'

'Asjemenou!' Koentje keerde zijn rimpelgezicht naar de wirwar van gebogen stangen en gebroken wielen. 'Wie heeft dat op zijn geweten?'

'Een vuile dief. Hij reed er zomaar overheen.'

'Alle mensen! Waar is die kerel gebleven?'

'Hij is er vandoor gegaan. Mogen we met u mee naar het dorp?'

'Natuurlijk! Kruip maar achterin. Er is wel plek.'

Even later zaten de jongens en Snuf midden tussen de bagage in de vrachtauto. Tom hield de zak stevig vast. Hij was blij dat Koentje niet had gevraagd wat er in de zak zat. Het was al moeilijk genoeg geweest de andere vragen te beantwoorden zonder te liegen.

De Rammelkast kwam weer op gang. De jongens konden geen woord meer met elkaar wisselen, tenzij ze gingen schreeuwen.

Achter de gesloten deuren zaten ze in het schemerdonker, ieder met zijn eigen gedachten.

Tom aaide Snuf, die dicht tegen hem aanzat. Hij bedacht hoeveel ze aan het trouwe dier te danken hadden. Hij had hen in zijn eentje gezocht en gevonden, Nero overwonnen en verjaagd, hen veilig door het moeras geleid en het zelfs opgenomen tegen de met een pistool gewapende Doerakker. Snuf had veel bloed verloren, maar hij zou snel weer opknappen.

Het was geweldig dat ze de schat hadden gevonden en hem uit de greep van lange Lubbert hadden gered. Mevrouw Brandt zou over-gelukkig zijn. Nu zou Dick, als hij flink zijn best deed, later toch de zaak van zijn vader kunnen voortzetten.

Tom voelde zich heel dankbaar worden. Dankbaar, vooral omdat God hen had bewaard en het zo had geleid dat ze Dick en zijn moeder allebei op een heel bijzondere manier hadden kunnen helpen met hun problemen.

Dick schoof naar Tom toe en zei toen heel hard in zijn oor: 'Ik denk dat mijn moeder niet thuis is. Ze zal wel naar het Eksternest zijn gegaan om aan oom Kees en tante Leen te vragen wat er aan de hand is. Ze zijn natuurlijk allemaal vreselijk ongerust, nu het zo laat is geworden.'

Tom knikte. 'We gaan eerst naar de boerderij,' besliste hij.

De Rammelkast hobbelde over de brug en reed even later het dorp in. Al heel snel stopte Koentje bij een klant waar hij een groot pak-ket moest afgeven. De jongens maakten van de stop gebruik om uit te stappen. Ze bedankten Koentje hartelijk en gingen lopend verder naar het Eksternest.

Het was gewoonlijk zo'n tien minuten lopen, maar dit keer deden ze er wel twee keer zolang over, want ze waren allemaal doodmoe en de zak met alle kostbaarheden was veel zwaarder dan ze eerst hadden gedacht. Ze droegen de zak tenslotte maar met zijn tweeën, waarbij ze elkaar afwisselden.

Toen ze dichtbij de boerderij kwamen, gingen ze wat rechter op lopen: want ze waren tenslotte overwinnaars en geen verslagen legertje.

Op het erf was niemand te zien, maar nog voor ze bij de deur waren, kwamen oom Kees, tante Leen en Dicks moeder al opgelucht naar buiten rennen.

Het was duidelijk te zien dat mevrouw Brandt had gehuild. Ze omhelsde Dick en begon opnieuw te huilen, dit keer van blijdschap. Dick had deze keer geen bezwaar tegen de spontane omhelzing van zijn moeder. Ook hij was ontroerd. Het vinden van de schat, het lezen van de afscheidsbrief van zijn vader en de gevaren die ze hadden doorstaan, het had hem allemaal erg aangegrepen. Het waren dan ook niet alleen de tranen van zijn moeder die zijn wangen natmaakten.

'Waar zijn jullie toch zo lang geweest? We waren verschrikkelijk ongerust!' zei tante Leen.

Oom Kees nam de jongens een voor een op. Ze hadden wel opgewekte gezichten, maar ze zagen er ook erg moe uit en hij kreeg de indruk dat ze schokkende dingen hadden beleefd.

Die indruk werd versterkt toen hij wat beter naar Snuf keek. De hond had overal bijtwonden en over een deel van zijn rug liep een bloedige streep die hem aan een schampschot deed denken.

Het gezicht van oom Kees kreeg een ernstige uitdrukking. 'Allemaal vlug naar binnen,' commandeerde hij. 'Daar praten we wel verder.'

Even later zaten ze allemaal op hun gemak in de mooie kamer. Tom had de zware zak mee naar binnen genomen en naast zich neergezet. Tante Leen schonk koffie in en deed er voor de jongens alvast een broodje met heerlijk vlees bij.

Tom begon te vertellen. Hij nam er de tijd voor en vertelde uitvoerig wat ze de afgelopen dagen hadden beleefd. De eerste ontmoeting met Doerakker en Nero, de plattegrond met 'belangrijke plaatsen', de gesprekken met de oude mevrouw Visscher, het dagboek van Leonard, het vinden van de doorgang door de afgesneden rivierarm, de grote ontdekking in de molen, de vondst van de verborgen schatten en de plotselinge komst van lange Lubbert, die alles inpikte en hen opsloot op de zolder van de molen zonder een mogelijkheid om te ontsnappen.

Iedereen luisterde aandachtig. Vooral Dicks moeder. Ze werd eerst rood en daarna bleek van emotie. De spanning steeg nog toen Tom

vertelde over de komst van Snuf als redder in nood, het verschrikkelijke gevecht met Nero, de ontsnapping uit de molen en de nieuwe
ontmoeting met Doerakker, waardoor ze toch alle kostbaarheden
weer in handen kregen.

Toen wilde Tom de zak openen, maar opeens liep Dick naar zijn moeder. Hij ging vlak naast haar zitten en zei zacht: 'Moeder, ik heb iets
heel moois voor u: een brief van vader.'

Hij haalde de brief tevoorschijn. Mevrouw Brandt pakte hem met tril-
lende handen aan en las de afscheidsbrief van haar man. Ze probeerde
uit alle macht haar tranen te bedwingen, gaf haar zoon een zoen en
zei ontroerd: 'Een mooier cadeau zou ik niet kunnen krijgen.'

Nu waren Tom en zijn vrienden aan de beurt. Ze ruimden de tafel leeg
en daarop legden de jongens al de gouden en zilveren sieraden, de
edelstenen, ringen, horloges, halskettingen en andere fraai bewerkte
kostbaarheden die ze uit de grote zak tevoorschijn toverden. Het hele
tafelblad lag vol met fonkelende en schitterende staaltjes goudsmid-
kunst. Sommige van de mooiste sieraden die haar man bewerkt had,
kende mevrouw Brandt nog heel goed.

Het werd een onvergetelijke avond. De dankbaarheid van Dicks moeder kende geen grenzen. Ten slotte pakten ze alles weer zorgvuldig
in en ze stopten het zolang maar weer in de zak. Oom Kees spande
Archibald voor de wagen, zette de zak erop en bracht mevrouw
Brandt en haar zoon zelf naar huis.

Tom en zijn vrienden kregen een stevige maaltijd en Snuf werd verwend met heerlijke hapjes.

Oom Kees dankte aan tafel voor Gods zegeningen. Na de maaltijd
gingen de drie jongens zich eens goed wassen en daarna doken ze al
heel gauw in bed, moe maar overgelukkig.

Een week later gingen Tom, Karel, Bertus en Snuf weer naar huis.
Er was in de afgelopen dagen heel wat gebeurd. Tom was met zijn
hond naar de dierenarts geweest. Die had het beest grondig onderzocht en een paar wonden gehecht en behandeld. Hij verzekerde Tom
dat Snuf, als hij goede voeding en verzorging kreeg, snel weer helemaal de oude zou zijn.

Nou, aan die voeding en verzorging ontbrak het niet en de trouwe herdershond was dan ook alweer aardig opgeknapt. Mevrouw Brandt had de teruggevonden sieraden door een beëdigde taxateur laten taxeren en ze vervolgens verkocht aan een paar juweliers die goede vrienden van haar man waren geweest. De aanzienlijke som geld die zij ervoor kreeg, was voor het grootste deel op een spaarrekening gezet. De rente zou een mooie aanvulling zijn op haar uitkering en het spaargeld zou Dick over een paar jaar in staat stellen zelf een juwelierszaak te beginnen. Maar eerst moest hij nog veel studeren om het vak goed te leren. De gebeurtenissen van de laatste weken hadden Dick en zijn moeder dichter bij elkaar gebracht. Dick werd door zijn moeder niet meer als een kleuter behandeld en hij had op zijn beurt zijn moeder beter leren begrijpen.

Dick zou zijn vrienden, die veel voor hem betekenden, erg gaan missen, maar hij hoopte ze volgend jaar weer terug te zien. Moeder en zoon waren naar het Eksternest gekomen, waar de drie jongens en Snuf klaarstonden om te vertrekken.

Ze hadden alle drie een prachtige, gloednieuwe fiets aan de hand, veel mooier dan de fietsen die lange Lubbert kapot had gereden. Die fietsen waren een cadeau van mevrouw Brandt. Dick had er ook een gekregen. De drie vrienden zouden ermee naar de stad rijden, rustig om het voor Snuf niet moeilijk te maken. Daar zouden ze met de trein verdergaan. Ze hadden hun tassen op de bagagedragers gebonden en namen nu afscheid van oom Kees en tante Leen. Ze bedankten hen voor de goede zorgen en de gastvrijheid, maar oom Kees en tante Leen wilden het niet horen. De jongens hadden hard gewerkt om de hooioogst binnen te halen en daarmee hadden ze hun kost en inwoning eerlijk verdiend.

Het afscheid van mevrouw Brandt was kort maar hartelijk. Zij nodigde de vrienden uit snel eens te komen logeren en Dick niet te vergeten. Dick kreeg van alle drie de jongens een stevige handdruk en een poot van Snuf.

Het was tijd om te gaan, als ze tenminste de trein niet wilden missen. Ze stapten op hun gloednieuwe fietsen en reden weg terwijl Snuf vrolijk meeholde.

Voor ze de laatste bocht in reden, zwaaiden ze voor de laatste keer naar de achterblijvers. Toen sloegen ze de hoek om terwijl ze opgewekt verder reden, de toekomst tegemoet.

Inhoud

take the round trip in a couple of hours, but it seems a shame not to jump off and explore if you get the chance.

On Papa Westray, known as Papay to the locals, the airport is a small building, distinguishable only from the others by a fluorescent wind sock. Outside there is nothing – no shop, no overpriced coffee stalls, no souvenirs. Instead endless scenery and an RSPB bird sanctuary that covers most of the island. No wonder travel writer Bill Bryson chose this as his favourite place in the UK.

Access and opening times

Kirkwall Airport is in Kirkwall, Orkney, KW15 1TH. Visit hial.co.uk or loganair.co.uk for more information.

Sources

Camp 21: Cultybraggan: a history
Produced by Cultybraggan Local History Group for Comrie Development Trust, 2010.
Easdale Island Folk Museum [pamphlet]
Easdale Island Folk Museum, 1992.
Little Sparta: the garden of Ian Hamilton Finlay by Jessie Sheeler
London: Frances Lincoln, 2003.
Orkney's Italian Chapel
Chapel Preservation Committee, [no date]
Robert Smail's Printing Works by Ian Boyter (NTS) [no date]
Sharmanka Kinetic Theatre catalogue [various contributors]
Published by Friends of Sharmanka, 2008.
Whaligoe and its steps: the unique harbour by Iain Sutherland
[self-published pamphlet] 2003

Websites
www.cbrd.co.uk – Chris's British Roads Directory
www.sabre-roads.org.uk – The Society for All-British and Irish Road Enthusiasts
www.secretscotland.org.uk – Secret Scotland
www.undiscoveredscotland.co.uk – Undiscovered Scotland
www.orcadian.co.uk – The Orcadian